MW00877854

KARMA CON EL DINERO

José Luis Belmonte

Flor de lis  *Ediciones*

Barcelona . *Miami*

Copyright © 2009 José Luis Belmonte

Reservados todos los derechos. Publicado por:

PORCIA EDICIONES, S.L.
C/ Aragón 621 4° 1ª - Barcelona 08026 (España)
Tel./Fax (34) 93 245 54 76

13155 SW 123 Ave. Unit 11 - Miami, FL 33186-5943 (USA)
Toll Free: 1 (866) 828-8972
Tel. (1) 305 364-0035

E-mail: porciaediciones@yahoo.com
www.porciaediciones.com

FLOR DE LIS EDICIONES es un sello de PORCIA EDICIONES.

Ninguna parte de este libro puede ser reproducida, traducida, almacenada, anunciada o transmitida en forma alguna por medios electrónicos o mecánicos, ni utilizada en cualquier formato o medio de comunicación, sin permiso por escrito de Porcia Ediciones, excepto por críticos que podrán citar breves pasajes en reseñas.

Diseño de cubierta: © 2009 Porcia Ediciones, S.L.
La imagen de la cubierta tiene los derechos para su uso reservados. No puede ser usada o copiada en ningún medio, ni por fotocopia, sin autorización del autor, quedando sometida cualquier infracción a las sanciones legalmente establecidas.
Imagen portada: Ángel de la abundancia. Copyright © 2008 Marius Michael-George

1ª reimpresión: marzo 2014
ISBN: 978-1490957302

Impreso en EE.UU.
Printed in USA

Índice

Introducción

¿Qué misterio se esconde detrás del dinero, que se hace tan difícil de ganar a veces y, cuando se tiene, se vuelve de lo más escurridizo, hasta que uno llega a perderlo por completo?

Existe de verdad el karma con el dinero: cosas negativas que uno ha hecho en el pasado, o en una vida anterior, y que ahora impiden o dificultan la entrada de dinero, así como la capacidad de retenerlo.

La historia se repite

Siempre me había preguntado por qué Sevilla, la capital de Andalucía, ha sido una ciudad importante en el pasado y de dónde viene su belleza. Aunque soy de España y he viajado mucho, nunca he estado allí.

Después de las investigaciones que he llevado a cabo para escribir este libro, te invito, lector, a realizar una visita guiada por esta bella ciudad andaluza, a varios de sus lugares históricos para que descubras, como yo, de dónde procede su riqueza.

El primero está situado en la orilla izquierda del río Guadalquivir. Es la famosa «Torre del Oro». Lo interesante de ese monumento es que se usó en ocasiones como recinto seguro para guardar oro y plata traídos de América por la flota de indias.

El dinero entró pero no se quedó

¡Tanto oro y tanta plata entraron por Sevilla! No obstante, ese dinero, tal como vino, se fue. ¿Por qué España tuvo la oportunidad de recibir tanto oro y sobre todo tanta plata? La historia suele repetirse y lo que España hizo con Latinoamérica fue lo mismo que los fenicios hicieron anteriormente con España: venir a llevarse el oro. Esa es una pista importante para el tema que trato en este libro: el karma con el dinero.

Pero, ¿qué es el karma? Son simplemente actos que desencadenan consecuencias. El karma positivo son las buenas acciones que has realizado. Y el karma negativo es una serie de acontecimientos que van a repetirse en un futuro si han causado algún daño o injusticia, a fin de equilibrar la energía invertida y la situación resultante.

Este libro se ocupa de analizar historias personales de lo que la gente hace con el dinero, para que veas que el modo en que uno lo gasta o lo invierte tiene consecuencias; de ahí se pueden generar sucesos negativos que tendrán que repetirse en el futuro, en esta vida o en otra. Y también te darás cuenta de que, cuando las personas y los países intentan manipular o controlar el dinero, acaban siendo controlados por él.

¿No será que el dinero no pertenece a nadie, que está destinado a fluir y a cambiar libremente de manos? Lo cierto es que la mayor parte de la gente quiere ir contracorriente, desviar su flujo y finalmente quedárselo todo. En las diferentes historias que explico en el libro verás que quien roba es robado o se arruina, y que quien engaña es engañado. Parece ser que el universo devuelve a tu puerta lo más parecido a lo que hayas enviado.

Monopolios

Suele decirse de los imperios coloniales europeos de la época que Holanda era el almacén del mundo en el siglo XVII, que el imperio británico era el taller del mundo en el siglo XVIII, y que España fue la fábrica de moneda del mundo durante tres siglos gracias al oro y la plata de Lationamérica.[1]

Ahora bien, la cuestión es: ¿dónde se fabricó ese dinero? La respuesta está en el siguiente monumento sevillano de mi visita. Está ubicado en la entrada de la ciudad, entre la Torre del Oro y la Torre de la Plata.

Es la Real Casa de la Moneda, que fue el mayor centro de producción de dinero en metálico de Europa durante la Edad Moderna. Sevilla tenía casi el monopolio de acuñación de dinero en España, con más del ochenta y cinco

---

1. Antonio-Miguel Bernal. *España proyecto inacabado. Costes y beneficios del Imperio.* Marcial Pons, Ediciones de Historia, S.A. Madrid, 2007, pág. 303.

por ciento del total. En el siglo XVI, en la Moneda sevillana trabajaban 180 hombres que acuñaban cada día 70 marcos de oro y plata. En la casa de la Moneda había, entre otras cosas: el horno real, fundiciones, la casa del tesorero, el ensayador y un patio de compradores de oro y plata de unos dos mil metros cuadrados.[2]

La riada de oro y plata que España recibió de las Indias fue la causa de su supremacía mundial; en cambio, para los españoles de la época esas remesas de oro y plata causaron la decadencia que llevó a muchos de ellos a la pobreza.[3]

Cuando en una ciudad abunda el dinero durante un tiempo, la gente se siente atraída hacia ese lugar por dinero, y algunos que se enriquecieron allí construyeron bellas casas, incluso palacios, que quedan como testimonio histórico y como recuerdo de que el dinero estuvo una vez allí. A quién no le fascinan Venecia, Sevilla, Londres o Nueva York. Todas ellas tienen una historia en común con el dinero: han sido la sede de algún monopolio o de personas que han efectuado prácticas monopolistas.

Tomemos como ejemplo la bella ciudad italiana de Venecia, que con el propósito de asegurarse el monopolio de la sal construyó una gran flota naval para que nadie más vendiera esta sustancia en Europa. Imagínate hasta dónde llegó la fama de Venecia que los descubridores españoles, mientras iban en busca de 'El Dorado', confundieron una pequeña aldea de Maracaibo con Venecia. De ese espejismo proviene el nombre de Venezuela.[4]

---

2. Ibíd., pág. 305.
3. Ibíd., pág. 303.
4. Eduardo Galeano. *Las venas abiertas de América*. Siglo XXI, Madrid, 2009, pág. 122.

De todas maneras, el tiempo lo pone todo en su sitio y, por mucho que Venecia intentase privar de la libertad de comprar sal donde uno quisiera, nada ata a la libertad y ésta acaba manifestándose. El descubrimiento del Nuevo Mundo fue el principio del fin de Venecia, y después le tocó el turno a Sevilla. Luego el imperio británico monopolizó el comercio con las Indias y le tocó el turno a Londres. En Nueva York también muchos abusaron de la libertad y actuaron valiéndose de prácticas monopolistas. En el número 26 de Broadway se encuentra el edificio que fue sede central en los inicios del imperio Rockefeller: la «Standard Oil». Es una gran estructura de piedra gris que parece una prisión, y como señala Andy Stern, la manera en que la gente se mueve y entra al edificio recuerda a la de los españoles cuando entraban en las sedes de la Inquisición.[5]

John D. Rockefeller fue en su momento el primer multimillonario americano y el hombre más rico del mundo; su ambición parecía no tener límites. En pleno apogeo de su poderío económico, se especulaba que quería controlar no sólo la industria del petróleo de Estados Unidos sino obtener el control del país entero. Hay quien opina que él fundó «el gobierno invisible de los Estados Unidos» mediante un gran capital capaz de controlar y movilizar al gobierno.[6]

5. Andy Stern. *Oil. From Rockefeller to Iraq and Beyond.* MJF Books, Nueva York, 2005, pág. 15.
6. Ibíd.

En 1911, el Tribunal Supremo de Estados Unidos condenó por prácticas monopolistas a la Standard Oil a segregarse en 35 empresas separadas. A Rockefeller esta decisión le pareció de risa, ya que en lugar de descabezar al monstruo, provocó que nacieran muchos otros, como la Exxon, la Mobil y la Chevron[7]. Todas ellas son empresas petroleras norteamericanas de proporciones gigantescas con redes de gasolineras que la gente usa a diario.

Tú te preguntarás ¿qué puede hacer uno ante tamaño abuso monopolístico? Pues bien, mi esposa y yo decidimos comprar un auto híbrido. Tal vez no sea una solución definitiva, pero por lo menos evitamos una parte de esa dependencia del petróleo.

Volviendo de nuevo a Sevilla, la tercera visita es la Casa de Contratación de Indias, que fue creada en 1503 para fomentar y regular el comercio y la navegación con el nuevo mundo. Su primera sede fueron las Atarazanas de Sevilla, pero como el lugar no era idóneo, fue trasladada muy cerca de la catedral de Sevilla, a las dependencias del Alcázar Real, en la sala denominada de los Almirantes. El fruto de la Casa de Contratación fue que Sevilla tuvo durante un tiempo el monopolio de comercio con las Indias. Más tarde, la Casa de Contratación dejó Sevilla y fue trasladada oficialmente a Cádiz en 1717.

Como decíamos al principio, suele ocurrir que ese dinero, tal como viene, se va. Esa historia se ha repetido y se repetirá muchas veces en ciudades, países, empresas, insti-

---

7. Ibíd., pág. 17.

tuciones, asociaciones y, como no, personas. Otro ejemplo es el caso de la gente que gana un dinero repentino en la lotería, las apuestas, etcétera, tema que abordaré con más detalle en el tercer capítulo, el de las emociones.

La necesidad de cambiar

Hay muchas personas que tienen problemas económicos y que quieren liberarse de ellos para que la abundancia entre en su vida. La necesidad de cambiar, en este caso por motivos económicos, es lo que conduce a la gente a buscar maneras, herramientas, terapias, lo que sea, para que se produzca un cambio. La realidad es que la persona está paralizada por miedo, por pereza, por inercia, por el «qué dirán».

En fin, hay muchas excusas, pero todas se reducen a: el karma ata demasiado para querer cambiar y áquel a quien yo llamo el dragoncito te asusta todavía más para que no hagas ningún cambio y él pueda continuar devorándote.

Quizás tú seas una de estas personas.

Espero, querido lector, ayudarte en el camino de descubrir los verdaderos motivos que tal vez estén impidiendo que vivas esa vida abundante que Jesús profetizó para todos nosotros. La clave, como siempre, está dentro de ti.

Capítulo 1

Karma con el dinero

Cómo medir el karma

Una situación kármica entre dos personas se produce cuando las circunstancias —sinónimo de karma— o el tiempo —otro gran aliado del karma— hacen aparentar que esas dos personas no son iguales. Una parece más y la otra, menos. Cuanto más karma, más diferencias suele haber.

Ejemplos comunes de karma son: una es más poderosa —mientras conserve lo que tiene—, más lista —mientras no pierda la memoria—, más guapa —mientras no le salgan arrugas—, más dichosa —mientras tenga a los seres queridos— o más «lo que sea» que la otra.

La Tierra es un escenario denso donde todo es 'temporal' y las circunstancias y las personas que tienen karma —karma bueno y karma malo— entre sí cuentan con la oportunidad de reencontrarse y de resolver o, mejor dicho, limar las diferencias.

Cualquiera puede ganar o perder lo que ya tenga. Lo permanente únicamente existe en el estado divino: la unión con el «Cristo» —la ascensión— o el nirvana —la iluminación—. Ese estado permanente está en Dios, o llamémosle «cielo», para poner un nombre sencillo a los niveles de vibración elevada.

Todos somos iguales ante Dios y ésa es la condición básica para entrar en el reino de los cielos.

Elizabeth Clare Prophet, autora y mística del siglo XX, explica que el karma negativo es algo así como las deudas que tienes con otros y tus hábitos negativos, y el karma positivo son tus habilidades o tus talentos. Éstas son sus palabras:

> El karma negativo representa nuestras deudas con otros, y el buen karma es como tener dinero en nuestra cuenta bancaria cósmica. Es una reserva que nos sirve de base. Podemos utilizar el buen karma —nuestras destrezas y hábitos positivos— para ayudarnos a superar y trascender nuestros atributos negativos.
>
> El buen karma puede manifestarse de varias maneras, desde tener un círculo familiar y de amigos que ofrezcan apoyo, hasta poseer ingenio y talento. Los dones y aptitudes son las semillas del buen karma al dar su fruto. El buen karma y los hábitos pueden también catapultarnos por la senda de la pasión de nuestra alma como si fuéramos un cohete.[1]

En el libro *Conexiones con otras vidas*, Elizabeth Clare Prophet apunta que, debido a episodios ocurridos durante vidas pasadas, uno se endeuda kármicamente con ciertas personas:

> Puede que nunca sepamos exactamente qué episodio de una vida pasada creó nuestra deuda kármica, pero nor-

---

1. Elizabeth Clare Prophet y Patricia R. Spadaro. *Conexiones con otras vidas*. Porcia Ediciones, Barcelona, 2007, pág. 75.

malmente es posible tener una idea de lo que debemos hacer en el momento presente para saldarla. Pregúntate: ¿qué cualidad o virtud se me pide que adquiera? Tal vez maltrataras de alguna manera a tu cónyuge (o hijo o compañero de trabajo) en el pasado, y ahora debas ofrecerles ternura y respeto amorosos. Tal vez ignoraras las necesidades de tu cónyuge, le impidieras que avanzara con su carrera o acortaras de alguna forma su vida, y ahora debas sacrificarte por un tiempo para que esta persona tenga una segunda oportunidad.[2]

Según la misma autora, el karma que regresa se manifiesta en una infinita variedad de formas, todas ellas hechas a medida según las necesidades singulares de nuestra alma. Determina la familia en la que nacemos, nuestras relaciones, nuestra profesión y nuestra salud. Moldea nuestro temperamento físico, mental, emocional y espiritual, así como los retos a los que debemos enfrentarnos.[3]

Las primeras manifestaciones del karma

La familia es una de las primeras situaciones kármicas que uno encuentra en la vida. El karma determina el país, la ciudad o pueblo, y el nivel económico donde uno nace. Dentro de la familia es muy común que se produzcan tensiones o situaciones tempestuosas como

---

2. Ibíd., págs. 123 y 124.
3. Ibíd., pág. 69.

abusos, distorsiones, engaños, falsedades, mentiras, conspiraciones, crítica, etc.

La ley del karma establece que, cuando una persona le quita la vida a otra, la manera de compensarlo es devolviéndosela. Y, puesto que las personas comunes no tenemos mucha práctica en eso de resucitar a los muertos, la deuda queda pendiente para una vida futura, cuando las almas que han vivido juntas situaciones negativas —karma negativo— encarnen de nuevo.

Tal vez tu instinto te haga rechazar a primera vista la idea de que hayas podido asesinar a alguien en otra vida, ya que hoy eres un ser pacífico y civilizado. No obstante, nunca sabemos qué circunstancias hemos afrontado en un pasado lejano y cómo hemos podido reaccionar a ellas. Ten en cuenta que la vida no ha tenido el mismo valor en muchas épocas, y matar a alguien se planteaba a veces como algo más normal de lo que actualmente nos pueda parecer tras el establecimiento en muchos países de lo que se conoce como «derechos humanos».

Así pues, por exagerado que parezca, muchos padres tienen hijos a quienes asesinaron en otra vida. El padre o la madre fue el asesino en una vida anterior, y la víctima fue el hijo. De esta forma, se acaba con todo el odio —ya que los padres aman a sus hijos— y tienen la oportunidad de dar al hijo la vida que le quitaron. A veces puede ocurrir el caso contrario: que el hijo asesinara en una vida pasada al que actualmente es el padre.

Cuando dos personas se casan, el karma se comparte, tanto el bueno como el malo. Aunque el asesino fuera uno de los padres, el otro acaba vinculado con el hijo. Por eso, a veces un hijo se lleva mal con el padre pero bien con la madre, o viceversa.

Las limitaciones
y la conciencia de abundancia
se heredan

La conciencia de abundancia y las limitaciones pa-san de padres a hijos o se heredan del entorno familiar en que uno ha crecido. Las circunstancias, el universo y, cómo no, el karma, hacen que por alguna razón a uno le convenga nacer con unos determinados padres.

En el caso de los países latinos, el hijo acostumbra a vivir en casa de los padres hasta que se casa, o hasta los treinta años o más en caso de que permanezca soltero. En Estados Unidos, los hijos, por lo general, se van a vivir fuera de casa de los padres cuando empiezan en la universidad a la edad de dieciocho años.

Pues bien, si uno ha nacido en un país latino habrá tenido más tiempo de contagiarse de la conciencia de abundancia o de las limitaciones de su entorno familiar, y en el transcurso de la vida tendrá la oportunidad de aprender a usar la conciencia de abundancia y de vencer las limitaciones heredadas. En ocasiones se vencen fácilmente, pero otras veces el alma sucumbe a ellas y pasa por épocas de falta de abundancia.

La conciencia de abundancia y las limitaciones se contagian

La conciencia de abundancia y las limitaciones se transmiten de unos a otros. Ello ocurre cuando pasamos bastante tiempo al lado de otra persona. Si por circunstancias de la vida —o sea, por karma— nos toca estar al lado de una persona determinada, por ejemplo, muchas horas seguidas debido a una relación laboral, o durante varios años debido a una relación amorosa, la conciencia de abundancia de uno se ve continuamente afectada por la de la otra persona, y las limitaciones pueden llegar a contagiarse.

Así es el karma con el dinero: las limitaciones se contagian con mucha facilidad, sobre todo cuando uno es adolescente y durante la juventud. En la madurez, la conciencia y los hábitos ya se han formado; entonces no hay quizá tanto contagio, pero cuesta más corregir las limitaciones y mejorar la conciencia de abundancia que se posea.

Dejarse influenciar por otras personas significa abrir la puerta de tu mundo a la conciencia de abundancia que esas personas tengan. Si tienen conciencia de pobreza o miedos o falta de recursos, eso es lo que te están transmitiendo. Por esa razón hay que buscar influencias económicas positivas y honradas y tratar de eliminar, limitar y, en la medida de lo posible, transmutar las influencias negativas de otras personas.

El refrán «quien a buen árbol se arrima, buena sombra le cobija» se aplicaría a este caso. Seguramente el karma negativo hace que te veas rodeado de personas con una conciencia pobre de abundancia, y el karma positivo implica que aparezcan personas con buena conciencia de abundancia. Esto incluye a familiares, amigos, vecinos, compañeros de trabajo o gente de la región o incluso del país.

Karma en el trabajo

Aparte de la familia, es probable que tu karma determine la profesión a la que te vas a dedicar. A ello hay que añadir que el hecho de que tengas karma con ciertas personas hará que trabajes en una empresa donde lo tengas con algún jefe o con otros empleados.

Lo que le importa a la ley del karma es que te encuentres con esas personas para limar las asperezas; al margen queda si la empresa paga bien o no, hecho que también puede verse afectado por el karma, por supuesto. El caso es que tu karma te vincula con personas y con la empresa donde estas personas trabajan.

Karma con el dinero

Fíjate en el siguiente juego de palabras: gastar en lo que uno debe. Tiene una doble interpretación. La lectura común sería gastar de forma correcta, es decir, en lo que se debe gastar. Otra forma de verlo sería gastar en lo que uno tiene apegos, debilidades, atracciones o tentaciones que no puede vencer. Dicho de otro modo: gastar donde hay circunstancias no resueltas o karma negativo (deudas).

Por ejemplo, una persona que en otra vida fuera inversor de compañías y corporaciones que cotizaban en bolsa, es normal que en la actual sienta algo cada vez que la bolsa se cruza en su vida. Esa persona tiene karma con la bolsa. Puede que sea positivo o bien negativo. Voy a mostrar varios ejemplos de karma negativo en el caso de este individuo.

Primera hipótesis: en otra vida el inversor perdió una suma importante de dinero, dinero que no era suyo, así que hizo perder dinero a otras personas que evidentemente se sintieron mal por ello y quizás realizaron algún acto o tomaron represalias por la pérdida.

Si la represalia fue drástica pero no violenta —tan sólo lo echaron del trabajo—, eso queda como karma negativo —karma de hacer perder dinero— por el que tiene que compensar a esas mismas personas en otra vida posterior, es decir, les tiene que compensar por haberles hecho sentir mal a causa del dinero que les hizo perder.

Por otro lado, si la represalia de las personas que perdieron fue violenta, por ejemplo, si le dieron veneno —cosa nada rara en Europa en épocas antiguas y no tan antiguas—, resulta que él sigue teniendo karma con los individuos a quienes hizo perder dinero, y aquéllos a los que hizo perder dinero tienen karma con él por quitarle la vida envenenándolo.

Así, en otra vida quizá alguno de los que contribuyó a darle veneno sea el padre del inversor, y otro de los que echó veneno sea la madre, y al inversor, por su parte, le toca trabajar para los papás sin cobrar. De esta manera, los padres pueden saldar el karma de quitar la vida —dando nueva vida— y el inversor puede devolver el dinero que hizo perder —trabajando sin cobrar—.

Otra hipótesis: ganó mucho dinero con inversiones honestas pero usó el dinero para satisfacer los deseos de su ego humano hasta que llegó a creerse mejor que los demás y a hacer que los que tenía a su alrededor se sintieran inferiores. Todos somos iguales ante Dios, y en lo que no lo somos es porque tenemos karma unos con otros. Esa persona que se siente superior a los demás quizá tenga que nacer como criado o con pocos recursos y servir a aquéllas a las que hizo sentir inferiores para darse cuenta de que las cosas cambian y que Dios distribuye la energía como mejor convenga para que los individuos eliminen diferencias y malos sentimientos entre sí.

Lo importante para Dios no es la cantidad que ese inversor perdió. A Dios no le importa el dinero, sino por qué lo perdió y, una vez perdido, cómo se sintió y reaccionó al perderlo; y sobre todo cómo ello afectó a las personas que tenía a su alrededor, tanto en su trabajo como en su familia.

Quizás ese inversor tenía demasiada avaricia, o demasiada confianza, o no prestaba atención a los detalles porque no le parecían importantes, aunque le hicieran perder parte de su energía. La ley del karma le va a poner en la misma situación en el futuro para cultivar mejor sus talentos.

En todo caso, el karma negativo se repite hasta que uno aprende la lección, de manera que, en este caso, el tipo va a tener ganas de volver a invertir.

El karma es como un maestro que no te deja hasta que aprendas lo que necesites aprender. Y si el individuo en cuestión perdió porque no aprendió cierta destreza o habilidad, en esta vida va a tener de nuevo la oportunidad. Con la diferencia de que su alma recuerda los errores del pasado y en esta vida vislumbra ciertas habilidades e intuiciones que no sabe de dónde vienen y que simplemente forman parte de lo que aprendió en otras vidas. Lo único que tiene que hacer es pulir ciertos detalles e intentar beneficiar al máximo número de personas, o, como mínimo, dejar de perjudicarlas.

Capítulo 2

El alquimista y el dragón

Hace poco cambié de dentista y me fui a uno que se me presentó confesando que llevaba su profesión en la sangre, ya que su padre, al igual que su abuelo, también fueron odontólogos. Su apellido me llamó la atención e intenté razonar de qué zona de España podía provenir. No hallé ninguna pista, pero poco después, al leer un libro acerca de la aristocracia azucarera de Cuba, vi que una de las familias importantes de los siglos XVIII y XIX tenía el apellido de mi nuevo dentista. Mis investigaciones me llevaron a descubrir que el azúcar hizo mucho más rica a Cuba que a cualquier estado de los EE.UU. de aquel tiempo. Hubo familias que se enriquecieron mucho plantando azúcar cultivado mayoritariamente por esclavos.[1]

Uno puede creer que esto pertenece al pasado y que sus ramificaciones no llegan hasta hoy día y menos aún que le afecten. El karma lo tiene uno delante de la nariz y, al abrir la boca, uno lo descubre. Veamos cómo.

Durante mi siguiente visita odontológica, le pregunté a mi dentista:

1. Ruben C. Arango. *La Sacarocracia. Historia de la Aristocracia Azucarera Cubana*. Ego Group, Miami, 2006, págs. 196-202.

—¿Tiene usted algo que ver con la familia de aristócratas azucareros de Cuba?

Sin decir nada, abandonó la sala por unos minutos y cuando reapareció dijo:

—La verdad es que mi familia sí tuvo plantaciones de azúcar. De hecho, a mi tatarabuelo lo asesinaron —respondió, y volvió a abandonar la sala.

Cuando regresó de nuevo añadió:

—Tengo que confesar que mi familia tuvo esclavos, pero de eso hace mucho tiempo, y de veras que lo siento.

Yo acepté sin más las disculpas pero, poco después, una idea me cruzó por la mente. Como bien sabemos, el azúcar estropea los dientes, así que, con todo el que seguramente vendió su familia tal vez hizo el karma de dañar los dientes de mucha gente.

La manera de equilibrar y saldar ese karma durante una vida posterior sería arreglando los dientes que estropearon durante una vida anterior por culpa del azúcar. Esta sería una buena razón para que llevara la profesión de dentista «en la sangre».

Cómo medir
el grado de libertad

En la mayoría de casos es el karma negativo el que ata e impide que uno sea libre. El modo en que ello se manifiesta es manteniéndonos apegados a otra persona con la que nos obliga a estar juntos el tiempo que haga falta hasta que resolvamos la deuda pendiente que exista entre ambos y eliminemos nuestras diferencias, nos perdonemos, y así podamos ser libres el uno con respecto al otro.

Una forma de medir el grado de libertad que una persona tiene es la facilidad con que cuenta para transformar cualquier circunstancia. Una persona es libre cuando no tiene circunstancias pendientes ni apegos y puede cambiar lo que desee, siempre y cuando no perjudique a nadie y el cambio esté de acuerdo a las leyes de Dios.

Lo que distingue a cada ser humano es el grado de libertad que cada uno posee, y con el dinero quien más quien menos tiene limitaciones, miedos y asuntos no resueltos. Y no hay que pensar que el rico está libre de ello. Las personas acaudaladas a menudo viven con el temor de perder lo que tienen o encerradas en jaulas de lujo para evitar que les roben. Y ¿por qué piensan que les van a robar?: mejor no saber lo que uno ha hecho en otras vidas...

El alquimista

El alquimista es un ser humano que ha vencido sus limitaciones con el dinero, es decir, es libre respecto a él y ha transmutado su karma negativo con su uso. Es capaz de crear las oportunidades o las cosas que necesita en cada momento.

En el otro extremo está el ser humano que es esclavo del dinero: que trabaja por dinero, que vive obsesionado por el dinero y que no sabe cómo «comprar» su libertad.

El alquimista, cuando quiere cambiar algo, lo hace inmediatamente; el resto de personas tendrán que solucionar su karma —apegos y circunstancias— antes de poder cambiar. Es decir, lo que a un alquimista le lleva pocos instantes, a otra persona le puede costar meses o incluso años o vidas. Por ejemplo, si te sale una oportunidad de trabajo en otra ciudad pero tienes karma que no te deja ser libre, lo más probable es que no puedas aprovechar la oportunidad.

A todo eso se le llama karma con el dinero. Y, o bien se tiene maestría sobre esa energía y se hace que el dinero trabaje para uno, o bien éste nos domina y somos nosotros quienes trabajamos para él, convirtiéndonos, en cierta medida, en sus esclavos.

El dragoncito

De todas las ideas e inspiraciones que la mente recibe, algunas provienen de Dios, o del ángel de la guarda. Son las que nos hacen sentirnos libres y en paz. Otras tienen que ver con lo que nos gustaría hacer de verdad. Éstas proceden del alma.

En cambio, hay ideas y pensamientos que vienen del ego humano inferior, la parte humana fea que sale cuando uno grita, se enoja o se estresa. Es fácil saber de quién estoy hablando, aunque no siempre es fácil reconocerlo. Yo le llamo «el dragoncito».

Durante un tiempo y en muchas de mis conferencias usé el término «perrito» para referirme a la parte humana desagradable de las personas. Así, cuando uno se enoja, es como si sacara a pasear a su «perrito interior».

Con el tiempo, y por respeto a las personas que aman a los perros, cambié el término por «dragón» para evitar confusiones y que no creyeran que estos animales representan algo feo, o para que los dueños no pensaran que el suyo pudiera haber sido un ser humano que Dios hubiera confinado a un cuerpo de perrito como castigo por vivir perpetuamente enojado. Nada de eso. Pero como la mente humana es impredecible, preferí buscar un nombre de animal que no se pudiera comprar donde venden mascotas y animales domésticos. Por favor, avísame en cuanto veas dragones a la venta: será el momento de usar otro término.

El dragoncito de cada cual sale de vez en cuando para comer, y ¿de qué se alimenta? Toma la energía que hay en la persona. Pero necesita que ésta le abra la puerta y le prepare la comida. ¿Y cómo lo hacemos? Muy fácil y, por desgracia, muy a menudo: abrimos la puerta al dragoncito al enojarnos, cuando somos presas de la ira, la furia o los celos, cuando tenemos miedo o estamos atemorizados, deprimidos, ansiosos o estresados. Cualquier emoción y pensamiento negativo abre la puerta al «servicio de comida rápida» para el dragoncito. Es sencillo darse cuenta de cuándo éste nos ha quitado la energía. Por contradictorio que parezca, uno se queda la mar de tranquilo. O al menos eso le parece. Otra imagen que me gusta usar es que el dragón se ha bebido toda tu energía.

Como ya te habrás percatado, el dragoncito sale a menudo para buscar alimento, sobre todo por la noche, cuando estamos más cansados. Y ocurre que acaba esclavizándonos. Nos mantiene estresados, enojados, asustados, discutiendo todo el día, o tomando dulces o cafeína para que no descansemos, bajemos la guardia y él pueda continuar robándonos energía. No es muy difícil distinguir cuándo habla el dragoncito y cuándo lo hace el ángel de la guarda o el alma, aunque suele ser más fácil para los que nos rodean que para nosotros mismos.

¿Te ha ocurrido alguna vez que has ido a comprar comida para la cena, cansado después de una jornada de trabajo, con un hambre voraz que te comerías todo lo que hay en la tienda, y tu dragoncito te ha hecho comprar el doble o el triple de lo que cabe en tu estómago, haciéndote gastar mucho más de la cuenta? Pues bien, ahí tienes al dragoncito en acción, buscando la cena del día.

Esclavo del dragón

Las ideas que provienen del dragoncito están impregnadas de emociones negativas, como son la envidia, la glotonería, los celos y la avaricia. Además, suelen estar acompañadas de estrés, prisas y limitaciones. Observa cuándo estas emociones aparecen porque serán la señal de que no es Dios o tu alma quien te habla, sino tu parte humana negativa.

Las ideas del dragoncito son esclavizantes y te hacen sentir mal. En el caso del dinero, el dragón hace que lo gastes sin control para satisfacer deseos que nunca se acaban. Y, para ganarlo, hace que te emociones de modo que inicies lo que sea porque está de moda o está bien visto, por envidia porque un conocido tuyo está ganando mucho, o por celos de alguien que está obteniendo dinero fácil. Por supuesto, uno no suele ser consciente de que la envidia o los celos son lo que le mueve a emprender esas iniciativas. Actúan a nivel subconsciente, que es precisamente donde reside el karma.

Traficantes de esclavos, ayer y hoy

La vida de John Newton (1725 - 1807), conocido por haber compuesto varios himnos, entre ellos la canción «Amazing Grace»[2], ilustra acerca de las atrocidades que uno puede llegar a cometer por dinero.

Durante bastantes años se dedicó al transporte marítimo de esclavos capturados en África. A raíz de una grave enfermedad y, gracias a las convicciones religiosas que con el tiempo desarrolló, consiguió abandonar el transporte humano. Más tarde, tuvo un papel importante en la abolición de la esclavitud en Inglaterra ya que sirvió de inspiración y dio fuerzas al parlamentario inglés William Wilberforce (1759 - 1853) para que no abandonara su lucha por la liberación de los esclavos desde el parlamento británico. Wilberforce finalmente ganó la batalla y logró, tras años de persistente lucha política, que el parlamento proclamara una ley que aboliera la esclavitud en Inglaterra.

---

2. «Amazing Grace» es uno de los himnos más emocionantes de todos los tiempos. Representa la historia del mismo autor: un infeliz que estaba perdido pero que fue encontrado y salvado por la «maravillosa gracia» (amazing grace).

A ver quién hace más karma

Durante los años que duró el tráfico humano por el Atlántico, Brasil fue el país donde llegaron más esclavos. Desde mediados del siglo XVII hasta el siglo XIX el principal puerto fue Río de Janeiro, del cual se decía que era «el puerto más magnífico del mundo»[3]. Las cifras que se muestran a continuación hablan de qué países son los que pueden haber hecho más karma negativo con los esclavos y el año en el que se abolió la esclavitud en ellos*:

País	Cantidad total de esclavos	Año de abolición
Brasil	Casi 4 millones	1888
Haití	Más de 850 mil	1804
Jamaica	Casi 750 mil	1838
Cuba	Más de 700 mil	1886
Estados Unidos	Casi 600 mil	1865

A todos ellos hay que sumar los que murieron al ser capturados en África o durante la travesía por el Atlántico en barco. Parece ser que los tiburones merodeaban cerca de los barcos para alimentarse de los cuerpos que tiraban por la borda. Otras veces, si había tormentas fuertes podía lle-

---

3. Hugh Thomas. *The Slave Trade*. Simon & Schuster. Nueva York, 1997, pág. 432.
* Laird W. Bergad. *The Comparative Histories of Slavery in Brazil, Cuba and the United States*. Cambridge University Press, Nueva York, 2007, pág. 97.

gar a fallecer la mayor parte de la tripulación y seguramente todos los esclavos pues éstos iban encadenados. No se sabe a ciencia cierta cuántos fallecieron durante los viajes. Cuando empezó el tráfico la cifra de muertos era muy alta y podía oscilar entre quince y veinte de cada cien que embarcaban, aunque había casos en los que más de la mitad había fallecido. En los últimos tiempos había menos fallecimientos, alrededor de cinco de cada cien que embarcaban.[4]

Haití

Hoy en día Haití es uno de los países más pobres del Caribe y de toda Latinoamérica. Sin embargo, cuando fue colonia francesa llegó a ser el primer productor mundial de azúcar que en su mayor parte era fabricado por esclavos.

Según varios cálculos, en vísperas de la Revolución Francesa vivían en la colonia medio millón de almas; de ellas más de cuatrocientas cincuenta mil eran esclavos, el resto eran cuarenta mil blancos y veintiocho mil libertos (esclavos que habían ganado su libertad). Los esclavos eran casi el noventa por ciento de la población y los blancos no llegaban al diez por ciento. En aquella época arribaban cada año a la colonia cerca de treinta mil africanos, una media de dos mil quinientos por mes.[5]

---

4. *The Slave Trade*, pág. 423.

5. Carlos Malamud. *Historia de América*. Alianza Editorial, Madrid, 2005, págs. 278-9.

Desde el punto de vista de la libertad, podría decirse que en Haití se rebasaron todos los límites y se llegó a hacer mucho karma negativo. Es impensable que en un país prácticamente formado por esclavos no haya revueltas. Sí las hubo y se derramó mucha sangre. Por fortuna, Francia tuvo su revolución e instauró una república con la consigna «libertad, igualdad y fraternidad». Al oír esa consigna en la colonia, los mulatos libres de la época cuyos derechos eran inferiores al del ciudadano blanco pensaron: «nosotros también queremos igualdad» y los esclavos les iban a la zaga pidiendo «libertad».

Así que, una vía para que los mulatos consiguieran igualdad fue convencer a los esclavos —el noventa por ciento de la población— de que se rebelasen contra los blancos. El resultado fue la libertad, pero hoy día Haití es un país donde casi no hay blancos y persiste el rencor y el odio hacia ellos por los abusos del pasado.

Tanto el tráfico de esclavos como el comercio del azúcar con Francia era un monopolio controlado desde Burdeos, Nantes y Marsella, ciudades donde hubo familias que se enriquecieron enormemente, especialmente con el tráfico de esclavos.

Cuando Haití se independizó los esclavos se adueñaron de los campos. Muchos de los blancos fueron asesinados durante las diferentes revueltas, otros regresaron a Francia y algunos emigraron a Nueva Orleáns o a la isla vecina de enfrente: Cuba.

Especular con esclavos

Los esclavos no sólo eran mano de obra para producir o para servir, también eran un activo: como una inversión o una propiedad que se podía vender, comprar, alquilar, o usar como garantía para pedir préstamos.

Para hacerse una idea no hay más que ver el precio que se pagaba por un esclavo: 90 dólares en Cuba en 1800, hasta 200 dólares en Brasil en 1810, 360 dólares en Estados Unidos en 1850, 700 dólares en Cuba en 1859, y hasta mil quinientos dólares en Cuba en 1864.[6]

Las revueltas eran comunes y, cuando un esclavo era capturado y condenado a muerte como castigo, el dueño solía hacer lo posible por evitarlo no por misericordia, sino por la pérdida de dinero que le representaba.

Alejo Carpentier se inspiró en ambientes y personajes reales cuando escribió *El reino de este mundo*, ambientada en Haití durante la época de su independencia.

En la novela, el esclavo protagonista va a ser ejecutado como castigo por una revuelta en la que asesinaron a toda la familia de su amo y le quemaron las propiedades. Sin embargo, su amo consigue que no maten a sus esclavos y le sean devueltos, no para castigarlos sino por dinero: sin esos esclavos estaría arruinado.

Poco después, al igual que otros franceses, emigró a Santiago de Cuba donde, poco a poco, fue vendiéndolos uno a uno, primero para pagar sus vicios, luego para subsistir y finalmente para morir en la miseria.

---

6. *The Slave Trade*, págs. 806-7.

Cuba libre

L a bestia del dinero del azúcar y de la esclavitud dejó Haití y se trasladó a Cuba, país que en pocos años se convirtió en el principal productor mundial de esta sustancia y el importador de esclavos más importante de la época.[7] El puerto de La Habana fue durante el siglo XIX el más importante del mundo en cuanto a tráfico de esclavos. El destino de muchos de ellos eran plantaciones de azúcar muy rentables gracias a ellos y cuya recompensa era un trato casi brutal, sobre todo durante los cinco o seis meses que duraba la recolección del azúcar.[8]

En 1821, durante el exponencial crecimiento del azúcar cubano se prohibió el tráfico de esclavos, pero Cuba lo siguió permitiendo clandestinamente. De ese tráfico se hicieron grandes fortunas.[9]

Un país hace karma por permitir una cosa así: falta de respeto a la libertad y violar las leyes y fomentar la corrupción impunemente para conseguir más dinero. Además, hay que añadir el tema del trato a los africanos, y qué sucedía con los hijos que los blancos tenían con las mujeres negras.

Hoy en día las personas nacen libres pero a lo largo de la vida aparecen diversas formas de esclavitud. Hay perso-

7. Oriol Junqueras. *Els Catalans i Cuba*. Editorial Proa S.A., Barcelona, 1998, pág. 53.
8. Laird W. Bergad. *The Comparative Histories of Slavery in Brazil, Cuba and the United States*. Cambridge University Press, Nueva York, 2007, pág. 132.
9. Luis Martínez-Fernández. *Fighting Slavery in the Caribbean*. M.E. Sharpe, Armonk, Nueva York, 1998, pág. 12.

nas que huyen de países pobres o corruptos, de regímenes políticos comunistas o dictatoriales, y para salir de su país se ponen en manos de mafias u organizaciones clandestinas que les cobran cantidades desorbitadas. Si la persona no dispone de ese dinero, se la obliga a trabajar para la mafia una vez llegue al país de destino, bajo la amenaza de hacer daño a algún familiar que se ha quedado en el país de origen.

Las mafias

Las mafias, al igual que los traficantes de esclavos, no respetan la vida de las personas, y lo demuestran cuando buscan conejillos de indias para probar, por poner otro ejemplo, una nueva partida de droga.

Suelen convocar a los que son totalmente adictos diciéndoles que es una partida nueva a menor precio o incluso regalada, y se la dan a probar para ver los efectos y la calidad de la droga. En algunos casos es tan mala que alguno de los adictos muere después de probarla.

Evidentemente, casi nadie se queja cuando un adicto muere, y el mafioso, con total frialdad, llama por teléfono a su capo para reportarle que la droga es de mala calidad.[10]

Está claro que tanto el traficante como el mafioso hacen mucho karma, tanto con el dinero como con las personas cuya vida han puesto en juego. Una de las maneras que

10. Roberto Saviano. *Gomorra*. Debate, Barcelona, 2007, págs. 83-6.

el universo tiene de devolver ese karma negativo es haciendo que tal vez, en una vida futura, alguien que verdaderamente le importe, como un hijo u otro familiar, muera por culpa de la droga.

Respecto al karma con el dinero, la persona que lo gana a costa de quitar la vida de otros, es posible que en una vida futura nazca en un país donde tenga que pelear por su vida o donde no haya comida para todos. Esta vez será su vida lo que esté en juego, y le puede ocurrir que sea él quien se tenga que poner en manos de mafias para que lo saquen de ese país.

Cuando el alma habla

Las inspiraciones, intuiciones, pensamientos o vislumbres que provienen de Dios son brillantes, novedosos, no tienen nada que ver con lo que uno conocía o tenía hasta ese momento, y normalmente nos hacen sentirnos muy bien.

A veces, son consejos o algún tipo de orientación y suelen aparecer en momentos en que sientes paz, armonía, sosiego, tranquilidad, silencio, cuando meditas o paseas por la montaña o en medio de la naturaleza, cuando estás en oración verdadera o en estado devocional.

Las intuiciones que provienen del alma son anhelos, cosas que te encantaría poder hacer, lugares que quisieras visitar. El alma es el niño o niña inocente que hay dentro de ti, que te habla y que quiere hacer cosas. Cuando los evangelios de Marcos (10:15), Mateo (18:3) y Lucas (18:17) mencionan recibir el reino de los cielos como un niño, o volverse como un niño para entrar al reino de los cielos, se están refiriendo a esto.

Las ideas del alma te ayudarán a conocerte mejor y saber lo que deseas y lo que tal vez hiciste en el pasado —en esta vida o en una anterior— que motivó la situación en la que te encuentras actualmente.

Deja que Dios y que tu alma te guíen para saber qué estudios realizar, qué negocio empezar o qué empleo es el que más te conviene. Las ideas que Dios deposita en ti están de acuerdo con tu misión y tu plan divino y, si las sigues, Él irá revelándote ese plan paso a paso a medida que vayas caminando.

El alma o el ángel de la guarda hablan cuando menos te lo esperas. Un día por la mañana iba de camino a la oficina cuando la vocecita interna me dijo que me dirigiera a una determinada tienda. No digo el nombre porque parecería que quiero hacer publicidad, pero se trata de una cadena muy conocida donde venden material de oficina.

La vocecita me pilló circulando por un cruce y con la mente concentrada en la conducción. Sin cuestionarlo ni un segundo, giré el volante y cambié de dirección rumbo a la tienda que me quedaba más cerca. Para mi sorpresa, una vez llegué, encontré en liquidación el mueble que me hacía falta para la oficina, y además ya ensamblado, es decir, sin tener que perder tiempo en montarlo ni pagar a alguien para que lo armase. Simplemente pagué un precio irrisorio por el mueble y lo cargué en el auto. Cuando llegué a la oficina y les dije a mis empleados lo que me había costado no lo podían creer. Ese día le di las gracias a la vocecita interna.

La siguiente historia es un ejemplo de intuición, visión interna y coraje que ocurrió en el Senegal, un país africano que tiene mucho de su territorio cubierto por un desierto, el Senhel, el cual año tras año gana terreno al mar.

Allí, Lynne Twist y dieciocho miembros de un proyecto humanitario que ella preside y cuyo objetivo es erradicar el hambre en el mundo, se dirigían a una tribu que habita en pleno desierto para buscar solución a la escasez de agua.

Durante la reunión con los miembros de la tribu, los hombres hablaban y las mujeres estaban en un círculo exterior y secundario respecto al de los hombres, es decir, como oyentes. Después de esa reunión, Lynne pidió reunirse a solas con las mujeres. Ellas le dijeron que en sus sueños habían visto que había un lago subterráneo debajo de la zona de la tribu, pero los hombres no les daban crédito y no les permitían excavar.

Después de posteriores reuniones con ellos, Lynne y sus colaboradores decidieron apoyar la visión de las mujeres y proporcionarles herramientas. Tuvieron que cavar ellas, porque los hombres no creían que allá abajo pudiera haber un lago, hasta que por fin las mujeres lo encontraron: el lago subterráneo que habían visto en sus sueños y que poco después cambiaría la vida de su tribu y de las de los alrededores.[11]

---

11. Lynne Twist. *The Soul of Money*. W.W. Norton & Company, Nueva York, 2003, págs. 68-74.

Liberarse de viejas limitaciones mediante el perdón

Perdonar significa ser libre. Y no perdonar es hipotecarse con el ayer. Es necesario perdonar para liberarse de ataduras con personas del pasado, que no permiten que la conciencia de abundancia se expanda.

En cierta ocasión, poco después de colaborar como *freelance* para la editorial que mi esposa y yo fundamos, una persona me pidió dinero. Por la confianza y el buen hacer que dedicó a nuestra empresa, decidí prestárselo. Pues bien, a día de hoy todavía estoy esperando que me lo devuelva. Resulta que esa persona tiene el signo astrológico de Sagitario.

Otro caso fue el de otra persona amiga mía que también me pidió un dinero en el pasado, el cual todavía estoy esperando recuperar, y resulta que esta amiga también es del signo Sagitario.

Para redondearlo un poco más, durante un tiempo mantuve relaciones comerciales con un distribuidor del signo Sagitario, quien todavía tiene pendiente conmigo una deuda económica.

Yo intento perdonarles y no limitarme, pero me doy cuenta de que si una persona me pide dinero y sé que es del signo Sagitario (y si no lo sé, lo pregunto, pues siempre intento saber el signo de las personas que tengo a mi alrededor) es muy difícil que le preste dinero. Digamos que tengo cerrada la ventanilla de préstamo para las personas del signo Sagitario.

Esta historia te la cuento para ilustrar cómo se albergan pequeños prejuicios que impiden que la conciencia de abundancia se expanda, ya que, en mi caso, cuando pienso en personas Sagitario, automáticamente pienso que no pagan bien o que tienen deudas.

En resumidas cuentas, independientemente de la apariencia externa, mi recomendación es: que uno preste cuando haya que prestar, y no preste cuando no haya que prestar.

Para terminar la historia, tengo un amigo, además de cliente, que siempre paga las facturas con puntualidad, a veces incluso se ofreció a pagar de más a cuenta de la siguiente factura. Este amigo es de signo Sagitario y me ayudó a equilibrar la balanza y a no limitar a las personas por su signo astrológico. Espero que siga con esa tónica de leal amigo y comerciante.

Además de haberme brindado la oportunidad de aprender a perdonar, estoy agradecido a estas personas porque, gracias a ellas, ahora tengo una experiencia interesante que explicar aunque, en diferentes momentos, hizo que aparecieran en mí malos sentimientos.

El no perdonar a una persona te ata automáticamente a ella. Eso significa estar influenciado por la conciencia de abundancia de la persona a la que te encuentras atado. Por ejemplo, si por karma te toca nacer con un padre o una madre que tienen conciencia de pobreza, la vas a vivir, te guste o no, durante la infancia y buena parte de la juventud, y te va a afectar durante el resto de tu vida, hasta que te canses de ser pobre y decidas cambiar o transmutar esa conciencia de pobreza.

Perdonar es un acto que ocurre dentro de ti y que eliges libremente. Evidentemente siempre puede quedar alguna emoción negativa o algún rencor. Por ello, cuanto antes perdones, mejor. En el universo todo crece, así que al perdonar te liberas y cortas con esas emociones. Para hacerlo no hace falta que la persona esté delante de ti; puede ser que viva lejos, incluso en otro país, o que haya fallecido.

Tienes que hacer las paces con la otra persona, desde tu corazón, sin importar cuál fue la causa, ni la motivación, o cuál de los dos actuó mal. Simplemente le pides perdón por todo lo malo y las molestias que le hayas podido ocasionar y le pides que te perdone a ti también dondequiera que esté y para que los dos podáis continuar cada uno libremente con su camino.

Mira al mundo como si fuera tu familia

Hay algo que ayuda mucho a incrementar la prosperidad y es ver al mundo como si fuera tu familia. En la India casi todo el mundo cree en la reencarnación y en determinados círculos del país la gente ve la población del mundo como si fuera su familia, lo cual me pareció inverosímil la primera vez que lo oí pero no lo puse en duda puesto que creo en la reencarnación.

La idea de una familia mundial se quedó como algo latente en mi cabeza hasta que un día se me ocurrió calcular de cuántas personas descendemos, es decir, venimos de dos padres, ellos de cuatro abuelos que a su vez vienen de ocho bisabuelos y así, tras cada generación, se multiplica por dos el número de parientes de los cuales descendemos. Para poder hacer el cálculo presupuse que las personas tienen sus hijos a los veinte años, aunque es verdad que a veces los tienen más tarde y otras, más pronto. Para empezar a tener alguna cantidad resultante partí de esa cifra y luego lo repetí todo tomando como media una nueva generación cada veinticinco años.

Lo asombroso del caso es ver la cantidad de personas de las que uno proviene desde los últimos mil años. Las cifras son tan grandes que, tan solo mirando mil años atrás, el mundo puede ser sin duda tu familia.

A continuación, y para que se entienda mejor, he trazado en primer lugar los cuadros tomando una generación cada veinte años, y después, los mismos cuadros de una generación cada veinticinco años.

Generaciones cada veinte años		
	1	Hijo
Hace 20 años	2	Padres
Hace 40 años	4	Abuelos
Hace 60 años	8	Bisabuelos
Hace 80 años	16	Tatarabuelos
Hace 100 años	**32**	**Tatara...buelos**
Hace 120 años	64	Tatara...buelos
Hace 140 años	128	Tatara...buelos
Hace 160 años	256	Tatara...buelos
Hace 180 años	512	Tatara...buelos
Hace 200 años	**1.024**	**Tatara...buelos**
Hace 220 años	2.048	Tatara...buelos
Hace 240 años	4.096	Tatara...buelos
Hace 260 años	8.192	Tatara...buelos
Hace 280 años	16.384	Tatara...buelos
Hace 300 años	**32.768**	**Tatara...buelos**
Hace 320 años	65.536	Tatara...buelos
Hace 340 años	131.072	Tatara...buelos
Hace 360 años	262.144	Tatara...buelos
Hace 380 años	524.288	Tatara...buelos
Hace 400 años	**1.048.576**	**Tatara...buelos**
Hace 420 años	2.097.152	Tatara...buelos
Hace 440 años	4.194.304	Tatara...buelos
Hace 460 años	8.388.608	Tatara...buelos
Hace 480 años	16.777.216	Tatara...buelos
Hace 500 años	**33.554.432**	**Tatara...buelos**
Hace 520 años	67.108.864	Tatara...buelos
Hace 540 años	134.217.728	Tatara...buelos

Hace 560 años	268.435.456	Tatara...buelos
Hace 580 años	536.870.912	Tatara...buelos
Hace 600 años	**1.073.741.824**	**Tatara...buelos**
Hace 620 años	2.147.483.648	Tatara...buelos
Hace 640 años	4.294.967.296	Tatara...buelos
Hace 660 años	8.589.934.592	Tatara...buelos
Hace 680 años	17.179.869.184	Tatara...buelos
Hace 700 años	**34.359.738.368**	**Tatara...buelos**
Hace 720 años	68.719.476.736	Tatara...buelos
Hace 740 años	137.438.953.472	Tatara...buelos
Hace 760 años	274.877.906.944	Tatara...buelos
Hace 780 años	549.755.813.888	Tatara...buelos
Hace 800 años	**1.099.511.627.776**	**Tatara...buelos**
Hace 820 años	2.199.023.255.552	Tatara...buelos
Hace 840 años	4.398.046.511.104	Tatara...buelos
Hace 860 años	8.796.093.022.208	Tatara...buelos
Hace 880 años	17.592.186.044.416	Tatara...buelos
Hace 900 años	**35.184.372.088.832**	Tatara...buelos
Hace 920 años	70.368.744.177.664	Tatara...buelos
Hace 940 años	140.737.488.355.328	Tatara...buelos
Hace 960 años	281.474.976.710.656	Tatara...buelos
Hace 980 años	562.949.953.421.312	Tatara...buelos
Hace 1000 años	**1.125.899.906.842.624**	Tatara...buelos

Esto significa que, un individuo, el de la primera generación, hace cien años, tenía treinta y dos tatarabuelos; hace quinientos, treinta y tres millones y medio y hace mil, mil cien billones de tatarabuelos. Es decir, muchísimas personas del planeta son antepasados suyos, aunque muy lejanos.

Generaciones cada veinticinco años		
	1	Hijo
Hace 25 años	2	Padres
Hace 50 años	4	Abuelos
Hace 75 años	8	Bisabuelos
Hace 100 años	**16**	**Tatarabuelos**
Hace 125 años	32	Tatara...buelos
Hace 150 años	64	Tatara...buelos
Hace 175 años	128	Tatara...buelos
Hace 200 años	**256**	**Tatara...buelos**
Hace 225 años	512	Tatara...buelos
Hace 250 años	1.024	Tatara...buelos
Hace 275 años	2.048	Tatara...buelos
Hace 300 años	**4.096**	**Tatara...buelos**
Hace 325 años	8.192	Tatara...buelos
Hace 350 años	16.384	Tatara...buelos
Hace 375 años	32.768	Tatara...buelos
Hace 400 años	**65.536**	**Tatara...buelos**
Hace 425 años	131.072	Tatara...buelos
Hace 450 años	262.144	Tatara...buelos
Hace 475 años	524.288	Tatara...buelos
Hace 500 años	**1.048.576**	**Tatara...buelos**
Hace 525 años	2.097.152	Tatara...buelos
Hace 550 años	4.194.304	Tatara...buelos
Hace 575 años	8.388.608	Tatara...buelos
Hace 600 años	**16.777.216**	**Tatara...buelos**
Hace 625 años	33.554.432	Tatara...buelos
Hace 650 años	67.108.864	Tatara...buelos
Hace 675 años	134.217.728	Tatara...buelos

Hace 700 años	268.435.456	Tatara...buelos
Hace 725 años	536.870.912	Tatara...buelos
Hace 750 años	1.073.741.824	Tatara...buelos
Hace 775 años	2.147.483.648	Tatara...buelos
Hace 800 años	**4.294.967.296**	**Tatara...buelos**
Hace 825 años	8.589.934.592	Tatara...buelos
Hace 850 años	17.179.869.184	Tatara...buelos
Hace 875 años	34.359.738.368	Tatara...buelos
Hace 900 años	**68.719.476.736**	**Tatara...buelos**
Hace 925 años	137.438.953.472	Tatara...buelos
Hace 950 años	274.877.906.944	Tatara...buelos
Hace 975 años	549.755.813.888	Tatara...buelos
Hace 1000 años	**1.099.511.627.776**	**Tatara...buelos**

Capítulo 3

Emociones

Tal como viene se va

L a lotería, las apuestas, una herencia o cualquier ganancia repentina o inusual de dinero se suele despilfarrar en cuestión de días, semanas o pocos meses. Está demostrado estadísticamente. Bien podríamos decir que el dinero inesperado produce una quemazón, alimentada por deseos de comprar cosas y satisfacer caprichos. El dinero es una energía física y visible que, si no se sabe dominar, se escapa o, en sentido figurado, o literal, puede costar un riñón, como el caso de un individuo en la India que vendió precisamente uno de sus riñones por una suma considerable para él, 1.000 euros[1]; y ese dinero, después de pagar deudas, se esfumó rápidamente en bebida y apuestas a las cartas.

Por no saber manejar sus emociones ante tales situaciones, la gente no sabe cómo contener ese dinero extra manteniendo la armonía. La persona no ha tenido tiempo de adaptarse y cambiar a fin de aprender a manejarlo y que no desaparezca rápidamente.

---

1. 1.000 euros son unos 1.400 dólares americanos al tipo de cambio de la fecha de edición de este libro.

¿Qué significa contener? Cuando se incrementa el dinero las emociones se exaltan, uno suele descontrolarse y posiblemente lo gaste todo. Manejar las emociones es hacer buen uso de las positivas y saber qué hacer cuando aparecen las negativas.

Si hay desarmonía, las emociones se agitan, las personas se descontrolan y aparecen conflictos que echan a perder la conciencia de abundancia. Cuando una persona vive rodeada de desarmonía y discordia tendrá que luchar para mantener viva su conciencia de abundancia. Para crecer hace falta amor y armonía, si no, se crece torcido. Eso se aplica también a la conciencia de abundancia.

La recompensa de controlar la emoción

Hace años, tuve una de esas intuiciones que tanto podía ser un anhelo del alma como una guía del ángel de la guarda.

Algo dentro de mí me instaba a suscribirme a un servicio mensual de envío por correo de grabaciones de conferencias y eventos sobre maestros ascendidos y ángeles. Enseguida me asaltaron las dudas porque la suscripción era cara, pero había algo que insistía y me llevaba a ver el folleto de inscripción una y otra vez. A los pocos días acallé los temores y decidí suscribirme. De inmediato sentí una paz enorme, como si una pieza de mi vida hubiera encajado en el lugar donde correspondía.

Al cabo de unos años, abrimos mi esposa y yo una editorial cuyos primeros títulos procedían de esa suscripción; eran libros acerca de ángeles y tuvieron bastante éxito. Con esa perspectiva, me di cuenta de que todo tiene un propósito y las emociones negativas pueden frenarnos y hacernos perder futuras bendiciones.

En nuestro interior se libra una batalla por el control de las emociones que se siente en la amplia red de nervios localizada en el estómago. El que consigue gobernar sus emociones obtiene realmente poder o, como está escrito en el Damapada, «la conquista de uno mismo es ciertamente mucho más valiosa que la de cualquier pueblo».

Cuando uno gobierna sus emociones, abre paso a los deseos del alma y al ángel de la guarda para que le muestren el camino a la libertad y a su misión personal. El alma puede volar y soñar, y el ángel de la guarda se comunica con presentimientos, intuiciones, ideas para inventar un producto, una terapia nueva, desarrollar un nuevo sistema que mejore la calidad de vida y sea respetuoso con los demás, con el medio ambiente, etcétera.

La emoción: el combustible que impulsa tus proyectos

Para llevar a cabo cualquier idea hace falta dinero y energía. Bueno, ¿y de dónde saca uno la energía? De las emociones.

Las emociones mueven a las personas porque son energía en movimiento y el combustible para llevar a cabo cualquier proyecto cuya semilla fue una idea. Sin embargo, hay que examinar si las emociones son positivas o negativas.

De pequeño y durante mi juventud, soñaba que mi padre se sentía orgulloso de mí y anhelaba que reconociera alguno de mis logros. En la escuela solía sacar muy buenas notas. Estudié en una prestigiosa universidad de Barcelona. El propio presidente del gobierno regional de Cataluña me entregó el título de ingeniero de telecomunicaciones. Trabajé como programador de software y técnico de sistemas durante más de diez años, con un sueldo muy bueno. Como dominaba el inglés me enviaron a varios congresos en Europa. Con poco más de veinticinco años ya sabía lo que era viajar en primera clase por asuntos de trabajo. Esa fue la última vez que trabajé para otros, porque poco después compré un diez por ciento de una pequeña compañía de software y me convertí en socio de la empresa.

Nada de ello encendió ni una pizca de emoción en mi padre.

Poco después de trasladarme a vivir a Miami junto con mi esposa, mi padre se emocionó abiertamente ante mí durante uno de mis viajes a Barcelona. Se puso a llorar mientras hablábamos por teléfono. Al principio pensé que lloraba porque me había ido a vivir lejos, pero él mismo aclaró poco después el motivo.

Yo también me emocioné al oírlo llorar al otro lado de la línea, y mientras estábamos hablando pensé ¡no puede ser! Se está emocionando por algo que yo he hecho... Explicó que el dinero cuesta mucho de ganar y le satisfizo que yo hubiera ganado una buena cantidad al vender un apartamento que había comprado en los alrededores de Barcelona un par de años antes, lo cual me permitió comprar mi nueva casa en los Estados Unidos. Entre sollozos, continuó diciendo que lo que había conseguido estaba muy bien.

Luego reflexioné: aunque para mí esa venta fue importante, para mi padre fue todo un logro. Esa muestra de reconocimiento y emoción fue verdaderamente un regalo que él me hizo y del cual estoy agradecido. Dos años y medio después falleció y se acabó la posibilidad de otra demostración como ésa. Le pido a Dios que lo cuide y lo tenga a buen recaudo dondequiera que se encuentre.

Vigila tu euforia cuando tengas inspiraciones o ideas divinas

Si uno se pregunta qué son las emociones positivas, lo primero que le viene a la mente es: me agrada, me alegra, me hace estar tranquilo, en paz; si se trata de una persona: me cae bien, me atrae, la quiero.

Una buena clave para conseguir prosperidad consiste en poner emoción solamente en ideas provenientes de Dios o del alma, y dejar pasar las que provengan del ego humano. Con las ideas buenas es fundamental tranquilizarse, no exaltarse ni ponerse nervioso, y cuando a uno le vengan ideas malas no hay que enojarse ni sentirse despreciable. Puede ser que el dragoncito te esté jugando una mala pasada, o que la idea venga de quién sabe dónde.

Puede ocurrir que las buenas ideas no te dejen indiferente sino todo lo contrario, que te generen una alegría y una euforia tan difíciles de controlar como cualquier otra emoción. Cuando se tiene una idea o una intuición que puede valer una fortuna y proporcionar libertad económica, hay que mantener la paz con armonía y equilibrio, y estar tranquilo ante la posibilidad de ser libre económicamente, así como de que esa idea tal vez no conduzca a esa libertad económica, al menos a corto plazo. Cuando los nervios y las emociones se agitan, aparece la intranquilidad o la euforia excesiva.

Emociones descontroladas hacen que la idea salga por la boca antes de llevarla a término y, como dice el refrán, «por la boca muere el pez». El maestro Saint Germain, en su libro *Estudios sobre alquimia*[2], enseña que, si dices una idea a otra persona antes de que se haya llevado a cabo, ésta no se va a cumplir ni a materializar, porque la mente del otro generará alguna duda cuando su ego le haga abandonarse en un momento de debilidad.

La duda es una energía negativa que se agrupa con las dudas del planeta entero y juntas se dedican a desbaratar ideas; luego regresan como perro fiel a su dueño, es decir, a ti, a continuar haciendo lo único que saben hacer: arruinar proyectos.

La mayoría de sueños e ideas maravillosas acaban en la nada por decirlas a otras personas. La intención era buena y te hacía ilusión compartir, pero detrás se escon-

---

2. Saint Germain. *Estudios sobre alquimia*. Porcia Ediciones, Barcelona, 2008.

de la incapacidad de contener la emoción. El momento para compartir una idea es cuando se ha cumplido y el sueño se ha realizado: ésa es la hora de decirlo y, por qué no, festejarlo. Todo tiene su momento y para el dinero y la abundancia hay que callarse y dejar que las ideas y los sueños hablen por sí solos una vez realizados.

Las emociones negativas también mueven a las personas

El dinero se suele escapar si no se controlan las emociones negativas. Aunque no lo parezca, lo que mueve a la mayoría de gente a gastar es la envidia, los celos y el orgullo egoísta. Fulanita tiene tal cosa, pues yo también la quiero. Cuando algo se pone de moda, ya sea ropa, un auto o lo que sea, el resto de personas, al ver que otro lo tiene, también lo quieren.

Los celos y la envidia arrinconan la parte buena o «divina» de tu alma y toma las riendas tu parte humana —el dragoncito—, que empieza a emocionarte y a moverte, y seguro que te lleva a la tienda a comprar para hacerte creer que así te dejará tranquilo. La verdad es que no te dejará nunca tranquilo porque al dragoncito lo que le da vida son precisamente las emociones negativas como los celos o el deseo desmesurado. Esas emociones son su alimento, y si a ti consigue moverte, seguramente acabas gastando. Es decir, tu energúmeno interior te quita energía y, además, te hace gastar dinero.

¿Cuáles son algunas de las emociones negativas? Nerviosismo, intranquilidad, agitación, duda, temor, miedo, ansiedad, pasividad, indulgencia excesiva. Dentro de este grupo hay algunas que tienen más intensidad, como el fanatismo, la agresividad, el pánico o la ira. Cuando se trata de emociones negativas respecto a personas, se traducirían en: me cae mal, me desagrada, es antipática, no la aguanto, le temo, etcétera.

Emociones que paralizan

Hay emociones negativas que paralizan los proyectos y hacen que las personas no hagan nada. Me refiero al miedo, al temor, a las dudas y a la inseguridad.

Voy a mostrarte una imagen que ilustra por qué a veces las personas no reciben lo que piden. Annice Booth, en su libro *Secretos de Prosperidad*[3], menciona que en el cielo hay almacenes —bodegas— repletos de cosas que la gente ha pedido o deseado de todo corazón pero, por dudar, arrepentirse o cambiar de idea, ha decidido más tarde que no lo quiere. Acto seguido, lo que la persona había pedido los ángeles lo guardan en el cielo en un lugar de almacenamiento hasta que deje de dudar y vuelva a tener fe y diga que ahora sí lo quiere. La fe y la visualización juntas pueden atraer cosas y materializar deseos.

El miedo

R ecuerdo que cuando descubrí la astrología, siendo jovencito, sentí una pasión intensa como nunca nada había despertado en mí antes, y algo cambió dentro de mí. En aquella época estaba estudiando ingeniería y, en mi tiempo libre y durante los fines de semana, me dedicaba a leer libros y revistas de astrología y a hacer cartas astrales a mis amigos. Llegué a plantearme dejar la ingeniería pero —por temor a cómo me ganaría la vida, entre otras razones— al final dejé la astrología.

Hoy, después de más de veinte años, ya no me dedico a la ingeniería y he retomado esa vieja pasión que en realidad siempre ha estado presente. Ahora también se han presentado miedos, pero he decidido dar libertad a mi alma para que exprese eso que quiero ofrecer al mundo mediante la astrología. En ningún momento me arrepiento de haber estudiado ingeniería, pero no era mi verdadera pasión, más bien era un paso necesario en el camino. También las circunstancias —el karma— hacían que el momento no fuera propicio, aunque es cierto que sin miedo habría empezado mucho antes.

El miedo paraliza el proceso natural de las cosas. La abundancia no se puede incrementar si el miedo y los temores paralizan la puesta en marcha de ideas y proyectos en cuyos frutos uno va a ver aumentada esa abundancia. Si se desea tener abundancia, debe haber ganas de llevar a cabo ideas, empezar nuevos proyectos, hacer realidad los sueños que uno tiene.

El miedo y la codicia son las fuerzas que motivan a los mercados financieros. Cuando impera el miedo, que a veces llega a ser pánico, todo el mundo quiere vender y los precios bajan. Cuando reina la codicia, que a veces llega a ser euforia, todos intentan comprar aunque tengan que pedir dinero prestado, y los precios suben.[4] La persona que se deja vencer por el miedo tiende a acumular por temor a futuras carestías o pérdidas. El miedo y los sentimientos negativos cortan la conexión de la persona con su alma y con su ángel de la guarda, y esa desconexión hace que uno sea fácilmente influenciable por otros individuos.

Cuando a una persona le mueve el miedo, seguramente va a hacer karma negativo con el dinero. El miedo es lo contrario a creer en Dios y en Sus ángeles, es como no confiar en el Arcángel Miguel. Uno tiene miedo porque está desconectado de Dios, no cuenta con Él como la verdadera fuente de provisión. No creer en Dios puede producir ansiedad, temor, incertidumbre, y el flujo de dinero acaba estancándose.

Mi esposa vivió de primera mano el regalo que se obtiene como recompensa por vencer con la fe al miedo. Ella ejerció de abogado en un reconocido bufete hasta verano de 1999, año en que dejó el trabajo tras concluir unos estudios de posgrado sobre mediación que quiso complementar con unas prácticas de unos tres meses en Estados Unidos, preferiblemente en la ciudad de Nueva York.

---

4. E.S. Browning. *Market's 'Hope Balloon' Loses Air.* The Wall Street Journal, martes 17 de febrero de 2009, págs. c1 y c4.

El verano avanzaba y ya había dicho a todo el mundo que se iría en septiembre, pero el curso que tenía previsto hacer en Nueva York se canceló poco tiempo antes de su inicio, así que, sin perder la fe, un mes antes de la fecha prevista para el viaje se entrevistó con una profesora del curso que fue a pasar sus vacaciones estivales a Barcelona y le consiguió el contacto de un lugar no en Nueva York sino en Miami, permitiéndole, además, hospedarse por un tiempo en su casa a pocos kilómetros de la ciudad.

A finales de septiembre se fue y en octubre fui a visitarla para ayudarle a alquilar un apartamento en Miami a fin de estar independiente y más cerca de donde hacía sus prácticas. Durante esa semana, aparte de experimentar nuestro primer huracán, en pocos días compramos un automóvil usado y buscamos un lugar para alquilar durante unos meses. Cuando, dos semanas después de haberse instalado en su casa, mi esposa le dio las gracias y le dijo que se mudaba a Miami, la profesora respondió que nunca había visto a nadie organizarse tan rápido.

Enseguida nos dimos cuenta de que allí gran parte de la población hablaba español y que a bastantes personas les resultaba familiar la metafísica, y los ángeles les encantaban y creían en ellos.

Un día, mi esposa me llamó entusiasmada para decirme que una persona le había preguntado con gran interés por un libro de la línea de lo que estábamos ya publicando en Barcelona. Poco después, empezamos a vender nuestros libros en librerías y distribuidores de la zona. Así empezó nuestro periplo en Miami, en 2001 compramos nuestro primer apartamento y en 2004 nos trasladamos a vivir allí. La fe de mi esposa y la determinación en su decisión de ir a los Estados Unidos a hacer las prácticas nos llevó a Miami, donde nuestra hija nació en 2007. El miedo hubiera paralizado fácilmente toda esa sucesión de acontecimientos.

Una mujer sin miedo

Miami es una ciudad de Estados Unidos que debe parte de su crecimiento a una mujer llamada Julia Tuttle, toda una pionera cuyo esfuerzo no ha tenido la fama que merecía. Su mérito fue precisamente convencer a un socio de John D. Rockefeller llamado Henry Flagler para que hiciera llegar el ferrocarril hasta la ciudad y cambiar el proyecto original de terminar en West Palm Beach. Julia era una insistente mujer de negocios que compró gran cantidad de terrenos en Miami y a quien la mano del destino ayudó con una helada que afectó a West Palm Beach pero que perdonó al sur, incluyendo Miami. Esto y una generosa cesión de terrenos por parte de ella y de otro ciudadano llamado William Brickell convencieron a Flagler, y el ferrocarril llegó al sur de la Florida en abril de 1896.

Flagler ha acabado siendo un nombre conocido porque así se llama la avenida que separa el norte del sur de Miami, aunque quizá muchos de sus habitantes no sepan que él es el «padre» de la ciudad. Brickell también es conocido porque los terrenos que él tenía albergan hoy día un distrito financiero y de apartamentos de lujo conocido como «Manhattan del Sur», que da cabida a la mayor concentración de bancos internacionales dentro de los Estados Unidos. Dudo mucho, en cambio, que la gente de la ciudad sepa que Julia Tuttle es la «madre de Miami».

Lo que mueve el mundo

A menudo se compara a las emociones con el elemento agua, con el mar: el mar de las emociones. En astrología, los signos de agua —Cáncer, Escorpio y Piscis— son signos emocionales y, si los observas, verás que tienen mucha energía y siempre suelen estar en movimiento.

De la misma forma que emociones como el miedo y la codicia son lo que mueve a las personas, lo que mueve mayoritariamente al mundo hoy día es otro líquido: el petróleo. Al igual que las emociones, el petróleo sirve para crear energía y movimiento, y si miras de cerca la Historia del mundo moderno, verás que tiene mucho que ver con intereses que giran alrededor del petróleo. Es decir, no sólo los autos se mueven con el petróleo, sino que muchos gobiernos y grandes corporaciones con grandes bolsillos y grandes miedos, son orquestados para que nada se mueva a no ser que sea con petróleo, esto es, para que el gobierno del petróleo perdure, y eliminen cualquier alternativa que pueda poner entre las cuerdas al reinado del petróleo.

El petróleo es uno de los grandes retos del mundo para los años venideros, no sólo porque se esté acabando —ojalá—; al final resulta que la lucha es por el petróleo que queda. El petróleo no nos deja ni respirar. No sólo contamina la atmósfera, también a los gobiernos y corporaciones con los tremendos beneficios que genera.

La codicia

Antes de mudarse a Miami, tanto Julia Tuttle como William Brickell vivieron en Cleveland (Ohio), ciudad que era el centro de refinado del petróleo en los Estados Unidos en la década de 1860. Allí John Rockefeller empezó su refinería y conoció a Flagler y, posteriormente, fundaron lo que más tarde sería el gigante llamado Standard Oil.

Lo que una persona codiciosa quiere es tener más y no entiende que Dios es el que «presta» el dinero para que lo gestione durante un tiempo. A Él sólo le interesa el resultado que va a producir tu gestión temporal del dinero. Cuando impera la codicia uno quiere tener más y más, y no deja al dinero fluir pacíficamente. Siempre que el ego humano interfiere codiciosamente en el flujo de caudales, es muy posible que se haga karma negativo con el dinero.

En ocasiones, uno cree que la vida —o su jefe— es injusto porque no le paga lo que se merece. Puede ser el caso; pero a veces uno se olvida de ver otras «ganancias» o beneficios no económicos, como la experiencia que está adquiriendo, la curación que le propicia, por ejemplo, trabajar con alguien que cura a los demás, etcétera.

Practica el estar en paz

Aparte del petróleo y la lucha por el dinero, hay muchas emociones que no le dejan a uno estar en paz. Emociones descontroladas hacen que uno tenga una vida agitada. Además, suelen transformarse en desear o necesitar cosas que cuestan dinero.

Los buenos economistas saben que para que la economía crezca es necesario que haya paz, un entorno fiable y, si puede ser, previsible. En muchos países latinoamericanos los políticos nuevos cambian radicalmente lo que los anteriores hicieron y, a consecuencia de ello, la economía se resiente. Un ejemplo es Argentina, donde cada gobierno critica y cambia lo que hizo el anterior, y se crea discordia, desarmonía, hay que aprender las nuevas reglas y la economía no puede crecer hasta que no haya de nuevo paz y estabilidad, de modo que, cuando llega, aparece otro nuevo gobierno que se dedica a cambiar lo que hizo el anterior. Cuanto más radical el cambio, más fuertes pueden ser las emociones en las personas y, cuanto más intensa la discordia generada, peor para la economía.

Mucho más exagerado es el caso de Cuba, cuando la revolución de 1959 cambió la dictadura por comunismo y la isla se vio envuelta en una destrucción de la conciencia de abundancia de muchos de sus habitantes quienes, al ser desposeídos de sus bienes, se llenaron de frustración e ira y optaron por ir a vivir a otros lugares donde pudieran prosperar. No hay que engañarse, porque el comunismo es una ideología que roba la iniciativa a las personas e impide que el Cristo dentro de cada uno se desarrolle.

La paz repele las emociones negativas y es un indicador de que uno anda por el buen camino. Las decisiones suelen ser más acertadas cuando se toman en paz y sin prisas ni estrés. Si uno practica la paz y se acostumbra a convivir con ella, el dinero pasa a segundo término.

Durante mi época de programador de software, me enfrentaba con problemas técnicos aparentemente difíciles de resolver, así que en más de una ocasión me había ido del trabajo frustrado. Al día siguiente, por la mañana, todo estaba mucho más claro y siempre aparecía una solución sencilla para el problema. Cuando uno ya no da más de sí con una decisión o con un problema, lo mejor es dejarlo, e irse a dormir, porque por la mañana las cosas suelen están más claras. Es como si por la noche, mientras uno duerme y el alma está en paz, la mente lo viera todo desde otra óptica donde no hay presiones ni estrés y la solución aparece por sí sola.

En mi caso, para estar en paz hago oraciones y decretos —oraciones rítmicas que se repiten— al arcángel Miguel durante veinte minutos por la mañana, sólo levantarme. Luego, cuando voy a la oficina, hago otros veinte minutos de llama violeta*, y si tengo miedos por culpa del dinero, recito durante quince minutos el decreto a Fortuna, una maestra a quien se conoce como Diosa de la Provisión, para que cuide de mis finanzas. Todo ello, tanto el decreto

---

* La llama violeta es una llama espiritual no visible para el ojo humano, que actúa como un disolvente cósmico, un borrador de registros negativos. Es atraída mediante oraciones e invocaciones y sirve para transmutar el karma, es decir, transformar la energía negativa de una situación o circunstancia en positiva.

al Arcángel Miguel como la llama violeta y las oraciones a Fortuna, hacen que mis días transcurran tranquilos en medio de todo tipo de turbulencias.*

¿Cuál es el ambiente apropiado para escuchar al ángel de la guarda? Se le puede oír cuando uno está en paz y mantiene la calma, en momentos de sosiego y tranquilidad, cuando uno no tiene miedo ni es presa de emociones negativas como enojo, estrés, ira, miedo, nerviosismo, intranquilidad, dudas, ansiedad, etc. Todas esas emociones negativas suelen mantener al alma esclava del ego y del dinero.

---

* Si quieres aprender más sobre los decretos y la llama violeta, consulta el catálogo de Porcia Ediciones (http://www.edicionesporcia.com).

Capítulo 4

Visión y verdad

Todo el mundo nota cuándo alguien le está mirando. No importa la gente que haya alrededor o si le están mirando por la espalda. Uno simplemente se da cuenta cuando alguien le está observando. Siente algo que le hace voltear la cara o dirigir la mirada en cierta dirección para encontrarse con los ojos de otra persona que le miran atentamente.

Desde que Isaac Newton (1643 - 1727) formuló en 1685 la ley de la gravedad, la ciencia todavía usa la imagen del científico observando una manzana que se desprende del árbol y cae al suelo, o, como mucho, a la cabeza del observador. Aunque el científico imagine o visualice que la manzana sale volando hacia el cielo o se pone a dar vueltas alrededor del árbol, eso no va a ocurrir, porque la gravedad de la Tierra hace que la manzana caiga al suelo.

Dejemos por el momento al observador y sus manzanas y veamos los nuevos descubrimientos que la ciencia ha efectuado acerca de cómo la mirada influye.

En la primera mitad del siglo XX, una rama de la física formuló una teoría denominada cuántica, la cual descubrió que, a nivel atómico, cuando un observador quiere mirar cómo se mueve un electrón que gira alrededor de un núcleo —como si fuera un planeta que gira alrededor del

Sol— ve una energía que se mueve en lugar de ver el electrón. Como el observador no ha visto el electrón, mira de nuevo y allí está: quieto y clarito. Espera un poco para ver si se mueve y, al observarlo otra vez, ve una energía que se mueve en lugar de ver al electrón que ha desaparecido de nuevo. Y así repite el experimento.

En definitiva, cuando el observador quiere medir el movimiento del electrón, éste desaparece y se convierte en energía. Cuando quiere ver la posición del electrón, allí está quieto y esperando a ser medido. Resulta que el científico que está observando, por el hecho de mirar y anticipar un resultado, está modificando el experimento.

En el caso de partículas muy pequeñas, la visión de una persona modifica lo que está mirando y el resultado del experimento es lo que la persona desea ver. Ésta es la manera que tiene la ciencia de demostrar que la visión tiene el poder de influir en el mundo que nos rodea.

Dicho de otro modo, en el nivel del átomo se pueden cambiar las cosas por el hecho de estar observando. Sin embargo, cuando se trata de hacer que la manzana salga volando al desprenderse del árbol, la gravedad tiene más poder que la visualización o la imaginación del observador.

¿Por qué explico esto? Para llevarte a la conclusión de que la clave está en incrementar el poder de la visión.

El poder de la visión

Tanto la visión como la imaginación son una gran herramienta para manifestar cosas. Sólo con mantenerla por un tiempo —varios días o varias semanas— aquello acaba manifestándose. Es el poder de la visión, que no discrimina entre lo bueno y lo malo, sino que por mantener algo entre ceja y ceja, el universo —Dios— premia al visionario manifestando eso que ha visualizado. Sólo es cuestión de tiempo, porque el tiempo es el aliado de Dios que lo pone todo en su sitio.

Mantener algo entre ceja y ceja es lo mismo que tener fe. Es la fe lo que le da poder a la visión. Si la palabra fe cuesta de entender, se puede sustituir por:

- creerse lo que uno visualiza
- imaginarse que uno ya lo tiene
- sentir que ya es de uno

La sociedad, sin darse cuenta, es consciente de esta ley, pues a los empresarios de éxito los llama «visionarios».

Flagler era todo un visionario que quería transformar el estado de la Florida (EE.UU.) en un lugar de descanso y de retiro para los ricos, además de un imperio agrícola. Es curioso cómo parte de su visión todavía perdura hasta hoy día.

Cómo crear prosperidad

Aciertas personas les va bien con sus proyectos y las ideas las llevan a término. Hay tres maneras en las que podemos crear mentalmente la prosperidad:

- escribiéndolo
- con imágenes
- en palabras

Cuando ves que otra persona tiene abundancia te puede resultar difícil adivinar cuál de esas tres técnicas empleó, si sólo usó dos de ellas o todas a la vez. Quizás simplemente escribió en un papel lo que quería, o lo hizo más completo y elaboró todo un plan de lo que deseaba, cómo y cuándo iba a ejecutarlo y el dinero que le hacía falta.

A lo mejor no escribió nada pero lo imaginó en su mente y, una vez formado en ella, lo vio como algo totalmente factible. Es decir, creía factible lo que su mente había creado. De esta manera le agregaba fe a su idea y, sin darse cuenta, estaba dejando que Dios interviniese en su proyecto. Elizabeth Clare Prophet sugiere:

> Crea imágenes o afirmaciones de lo que vas a ofrecer a Dios a cambio de las bendiciones que estás pidiendo. En realidad, nunca obtenemos algo a cambio de nada. Cada pizca de energía que Dios nos da «cuesta» algo.[1]

---

1. Elizabeth Clare Prophet y Mark L. Prophet. *Atrae Abundancia*. Porcia Ediciones, Barcelona, 2007, 2ª edición, pág. 70.

Otra posibilidad es que no escribiera ni imaginase nada, sino que hiciera oración para que Dios se lo concediera.

La ley divina es muy clara: cuando damos a la vida, recibimos de ella. Si dejamos de dar de nosotros, dejaremos de recibir. De hecho me he dado cuenta de que es más lo que hemos de dar al universo que lo que pedimos.[2]

Manifestar lo que imagines

La combinación de la visión con el poder de la palabra hablada es el sistema que han usado y usan los grandes místicos, los adeptos espirituales, los santos y los sabios iluminados, que están acostumbrados a generar o crear lo que necesitan, a transformar y a llevar proyectos a buen término.

Un místico o un adepto espiritual —un maestro ascendido o un santo estarían dentro de esta categoría— se encomienda primero a Dios y seguidamente crea en su mente, visualiza o simplemente imagina aquello que necesita en ese instante. A continuación, recita las oraciones que se emplean en alquimia, y espera hasta que se precipite o manifieste lo pedido, que suele ser inmediatamente. En todo momento, su corazón está lleno de agradecimiento y de amor por lo que va a crear y no alberga dudas porque sabe que Dios es quien provee y que uno puede crear cualquier cosa sin temor cuando está unido a Él.

---

2. Ibíd., págs. 70-71.

Integridad

Una de las facetas de la integridad consiste en mantener la vista firmemente anclada en algo, y no dejar que nada ni nadie desvíe nuestra visión. Si uno no es fiel a sus principios y vende sus ideales o anhelos «por un plato de lentejas», la integridad desaparece. Como abundancia e integridad van de la mano, si falta la integridad, la abundancia termina faltando también.

Para que ocurran cosas es importante visualizarlas y tener la disciplina de mantenerse enfocado durante un período suficiente a fin de que eso que se «ve» tenga tiempo de manifestarse. Si se pone atención a aspectos negativos como chismes, críticas o peleas, es fácil despistarse, dejar de estar enfocado o perder la fe en lo que uno quiere que se manifieste. Al despistarse, puede ocurrir lo contrario y que manifestemos cosas negativas. Rodearse constantemente de personas muy negativas puede acabar influyendo en nuestra visión.

Algunos programas de televisión que promueven los chismes, así como las telenovelas, pueden aturdirte la mente o influir negativamente en tu imaginación y tus visualizaciones. Ver demasiadas películas distorsionantes, anuncios publicitarios o programas negativos llenan tu visión de un montón de imágenes que te hacen olvidar tus proyectos o sentirte negativo o pesimista con ellos.

Al final, ocurre que la mayoría de personas, o bien no generan nada por no visualizar, o no creen que algo pueda manifestarse. Cuando sucede esto último, uno no tiene abundancia y buscará trabajar para otras personas que sí creen, que generan empresas que les aportan riquezas y que consiguen que las cosas se hagan realidad.

Verdades y mentiras

D ios existe y representa la verdad, lo verdadero, lo real. La mentira es lo opuesto a Dios: lo irreal, lo ilusorio, lo falso, lo temporal y pasajero. Para que tu economía esté en manos de Dios debes hablar la verdad, aunque eso no siempre sea fácil.

Cuando exageras al hablar, dices verdades a medias o mientes, llenas tu mundo de vibraciones negativas que tarde o temprano afectarán a tu economía. Si te acostumbras a distorsionar la realidad con exageraciones o verdades a medias, o a no ver la realidad o a ocultarla diciendo mentiras, te estás alejando de la abundancia.

Una persona que trabajaba en nuestra editorial se enfadaba conmigo porque no confiaba en ella —el individuo en cuestión— y, aunque yo tenía mis motivos, el tipo no se daba cuenta, así que cuando yo le decía: «no confío en ti porque dices mentiras», se enojaba y me respondía que eso no era verdad, lo cual también era mentira.

En diversas ocasiones advertí algunas verdades a medias y otras veces embustes.

Se trataba de una buena persona que en su día gozó de mucha prosperidad —según me decía—, pero con el tiempo todo se le vino abajo. No sé si sería por las mentiras; lo que sí es cierto es que mentir, aunque sea de manera muy sutil, es un gran riesgo que es mejor no correr si se pretende tener una vida con abundancia.

En cuanto la mentira entra o afecta a tu economía, aparece el engaño: alguien te cobra un precio exagerado, o te oculta el precio y resulta que el que te dieron inicialmente no incluía lo que tú pensabas, y al final acabas gastando más. O alguien te promete más de lo que en realidad era, o te roba.

Cuando dices la verdad, tu integridad y honestidad crecen, te sientes transparente y Dios se acerca a tu lado porque te pareces cada vez más a Él. Cuando la gente detecta que dices o haces la verdad, automáticamente se fían de ti y, si tienes alguna cosa que ofrecerles, se dirigirán a ti antes que a otro.

A quién estás engañando

Hay muchas personas que han sufrido engaños con el dinero. Quizás les hayan engañado en el precio, haciéndoles pagar mucho más de lo que valía un objeto, o han pagado algo por nuevo cuando en realidad era usado, o bien han pagado por una marca cuando, en realidad, se trataba de una imitación o no tenía la calidad suficiente que justificara el precio. Lo importante es perdonarse por el error cometido y analizar bien e intentar corregir la psicología personal en el momento de la compra. Resulta que eras tú quien se creía más listo e intentaba comprar más barato, y luego te dieron gato por liebre.

En este mundo la mayoría de personas no regala nada. En España hay un dicho popular que lo expresa muy bien: «Nadie da duros* a cuatro pesetas», aunque actualmente, con el euro, ha quedado un poco desfasado. Así pues, ¿qué esperabas? Siempre hay alguien más listo que intentará engañarte en cuanto te acerques. No obstante, el alma nunca te engañará y puedes confiar en ella; pero tu parte humana no cesará de engañarte y de recriminarte una vez que te haya engañado. No quiere que entres en contacto con tu alma.

La mentira es una de las cosas que más negativamente afectan a la abundancia. Uno de los principales atributos de Dios es la verdad. Todo lo que es verdad es auténtico, lo que es mentira es falso. Es como un original y una falsificación: el primero tiene la esencia, mientras que la réplica es simplemente una copia. Si la integridad va de la mano de la abundancia, podríamos decir que la verdad va de la otra mano. Cuando se incumple la verdad, la abundancia acaba tambaleándose también.

Tan sólo hay que ver los países donde se respeta poco la integridad o la verdad. Son lugares donde es difícil que los negocios y la abundancia prosperen. Un claro ejemplo son los países latinos, incluida España, aunque su entrada en la comunidad europea la obligó a elevar sus estándares. La verdad no siempre se respeta: la exageración y el engaño son comunes, incluso lo que se conoce como mentira piadosa y las verdades a medias están de lo más bien

---

* En España la antigua moneda de cinco pesetas era conocida como un «duro».

vistas. Todo esto hace que la gente continúe sin tener la abundancia que necesita. En otros entornos, especialmente anglosajones, la verdad suele respetarse y honrarse, y a eso le sigue la abundancia.

El dinero, ¿es de verdad?

U no de los ejemplos más significativos de karma con el dinero es precisamente la primera vez que un individuo ensayó a gran escala con el dinero en forma de papel.

Durante los años en que Luis XIV fue rey, Francia alcanzó horizontes comerciales que el resto de Europa envidiaba, pero el país acabó en la ruina debido a la extravagancia del rey, su intolerancia religiosa e inclinación a entablar guerras. En ese período, la falta de dinero se convirtió en la raíz de todos los males de Francia. En el campo se vivía en la mayor de las miserias: sin comida ni calzado y vistiendo harapos. El propio rey, en una ocasión tuvo que mandar fundir su gigantesca cubertería de oro para acuñar moneda y hacer frente a los pagos.[3]

En 1715, año en que murió el monarca, el país debía más de dos mil millones de libras, la mayoría a un grupo de cuarenta financieros que además controlaban la recaudación de impuestos. El país estaba en manos de esos financieros.

---

3. Janet Gleeson. *The Moneymaker*. Bantam Books, Londres, 2000, pág. 80-1.

Fue aquí donde apareció en escena un «falso» alquimista de origen escocés llamado John Law, que llevaba tiempo en Francia y que decía tener la solución: los problemas del país procedían de la falta de disponibilidad de dinero y la forma de salir del agujero era mediante crédito e incrementando el dinero circulante.

Pero ¿cómo iban a incrementar el dinero, si no tenían ni oro ni plata para hacer más monedas? Ésta es la gran idea alquímica de John Law: multiplicar el oro —que no existía— con billetes que certificasen que había oro en algún sitio. Acababa de inventar el dinero en forma de papel. Papel que se podía intercambiar por oro o por plata.

Pero, al final, la corrupción se adueñó del gobierno y del banco central y se imprimieron más billetes que oro tenían en sus arcas.

La idea del dinero en forma de papel fue ganando terreno debido a lo apurado que andaba el duque de Orleáns con las deudas de la corona.[4]

Más tarde creó una empresa llamada Compañía del Misisipi que, en teoría, tenía que traer muchas riquezas de América pero que sólo sirvió para que las acciones subieran y se creara una burbuja de dinero. Al final, la locura colectiva se adueñó de Francia y de media Europa y todo el mundo quería acciones de la Compañía del Misisipi.

La palabra millonario se inventó en Francia en esa época, debido a las inmensas fortunas que generaron las acciones de la Compañía del Misisipi[5]. Todo era un timo.

4. *The Moneymaker*, pág. 102.
5. Nial Ferguson. *The Ascent of Money*. The Penguin Press, Nueva York, 2008, pág. 146.

Incluso una vez contrataron a gente para desfilar por la calle simulando que venían del Misisipi trayendo mercancías y riquezas.

De esa locura especulativa nació el 7 de mayo de 1718 una de las ciudades más antiguas de los Estados Unidos: Nueva Orleáns. Su nombre tenía como fin halagar al duque de Orleáns, cuyo título nobiliario debía el nombre a la ciudad francesa de Orleáns.

Al final, cuando se descubrió que en Luisiana no había oro ni gran cosa de valor, la burbuja explotó, las acciones pasaron a no valer nada y las pérdidas para muchas personas y para Francia fueron mucho más allá del dinero. Los franceses se alejaron durante varias generaciones tanto del dinero en forma de papel como de las compañías que cotizaban en bolsa. Todo ello postergó la crisis de dinero de la monarquía durante los reinados de Luis xv y Luis xvi, hasta que la bancarrota real precipitó la Revolución Francesa.[6]

Como vemos, los reyes de Francia hicieron un karma tremendo con el dinero y, al final, pagaron por ello como la Historia nos ha testimoniado. Francia se ha regido por una república desde entonces, pero esos abusos especulativos tardaron generaciones en olvidarse, y a los que vivieron en esa época en el país galo seguro les quedó un mal recuerdo en el alma, ya sea por el hambre que pasaron o por el dinero que perdieron en la bolsa.

---

6. Ibíd., pág. 154.

Capítulo 5

Abusos de poder

Dónde está el poder

Hay una frase de Jesús que dice «por sus frutos los conoceréis». Las palabras pueden ser engañosas, pero lo que uno hace, produce y el entorno donde vive, eso no engaña. Los «frutos» a los que Jesús se refería son precisamente las obras, los actos y lo que las personas hacen.

Sin embargo, el poder de cada persona reside en la garganta*, y se manifiesta a través de las palabras y las cosas que uno dice. Las palabras correctas contienen la clave para cambiar y poder hacer lo que uno quiera.

El chismorreo y la crítica

Hay mucha verdad en la sabiduría popular y en los refranes. El dicho «el sabio no dice lo que sabe, y el necio no sabe lo que dice» es muy apropiado con respecto al chisme y a muchos comentarios que son críticas disfrazadas. Cuánta gente necia practica el deporte

---

* En la garganta está uno de los siete principales centros de energía del ser humano. Estos centros también se conocen como 'chakras', palabra sánscrita que significa rueda.

de criticar o chismorrear sin aportar ni pizca de energía positiva...

El chismorreo y la crítica crean división, desarmonía y discordia, además de consumir mucha energía que, si hubieras usado de otra manera, podría haber cambiado tu economía.

Cuando dedicas tu energía a chismorrear, te conviertes en una fuente que emana división y, como en el universo todo regresa al que lo ha enviado, la división retorna a tu puerta y afectará tarde o temprano a tu economía. En cambio, si quieres que se multiplique tienes que eliminar aquello que la divida.

Eliminar significa no sólo no participar activamente en el chisme, sino también dejar de escucharlo ya sea en el televisor o en la radio, en el trabajo, en la familia o con los amigos. Todo lo que entra en tu mundo va a crecer; si entra división, la división crece.

Lo negativo le va hundiendo poco a poco a uno en la miseria. Lo primero es dejar de comportarse como un necio y eliminar de la boca toda palabra negativa en contra de nadie: no a la crítica, no a juzgar y no al chisme; y reemplazar eso por palabras que afirmen y decreten cosas positivas que convierten a uno paso a paso en un sabio.

El segundo aspecto que debe tenerse en cuenta es el de las personas con las que esté vinculado que no hagan más que crear discordia con sus chismes y sus juicios: conviene sustituirlos por los sabios que pueda haber a tu alrededor, que son difíciles de ubicar porque suelen hablar poco, pero en cuanto lo hagan los descubrirás ya que todo se ilumina y cobra una nueva dimensión. Si no los encuentras quizá sea el momento de salir a buscarlos.

No hablar si no es necesario

U n viejo refrán dice «el silencio es oro y la palabra, plata». Cuando uno atraviesa dificultades económicas y quiere mejorar su abundancia, debe hablar menos y escuchar más. Rodeado de silencio, puede oír la voz del alma y la voz de Dios que le hablan desde el interior. Mientras haya radio, televisión o algo haciendo ruido, no se puede oír la vocecita interior y, poco a poco, uno se desconecta del poder que tiene dentro.

Después de vivir un tiempo en Estados Unidos, he observado diferencias entre norteamericanos y latinos en cuanto a la forma de llevar a cabo proyectos. El latino suele dar rienda suelta a las emociones y compartir lo que piensa y lo que siente. En cambio, el norteamericano no suele mostrar las emociones, se muestra frío y desapegado; eso le permite crear un entorno tranquilo y permanecer enfocado. Se calla lo que tiene entre manos y no dice lo que piensa, de esta manera las ideas encuentran un terreno fértil donde germinar. El latino, por el contrario, necesita hacer ruido y poner a prueba sus emociones, de modo que se encuentra con que tiene que dedicar parte de su energía a resolver conflictos internos y los que tiene con su familia para que se produzca la armonía adecuada a fin de que la conciencia de abundancia crezca.

Es como si el latino viviera rodeado de un entorno de conflicto y desarmonía constante que impide que la conciencia de abundancia se desarrolle. Los latinos que han aprendido a controlar sus emociones y sus palabras están muy bien preparados para que la abundancia encuentre un lugar tranquilo donde multiplicarse, y si, además, lo hace en un corazón puro, se dan las condiciones para que Dios pueda verter bendiciones a través de esa persona.

El anglosajón no suele decir nada hasta que el proyecto está en marcha, al contrario que el latino, que antes de llevar algo a cabo suele decirlo a familiares, amigos y personas de confianza. Son precisamente esas personas de confianza las que con sus dudas envían energía negativa al proyecto, y esa energía suele desbaratarlo antes de que nazca. Quizá por eso los que hablan demasiado suelen llevar a cabo menos proyectos.

Si quieres producir cambios en tu economía tendrás que hablar correctamente y callarte cuando convenga. ¿Cómo se sabe si uno tiene poder sobre sus palabras y emociones? Cuando es capaz de elegir lo que dice y lo que prefiere no decir. Esto es importantísimo para que las ideas se hagan realidad: no hablar acerca de tus proyectos o tus cambios hasta que estos hablen por sí solos, es decir, hasta que se hayan realizado.

Juzgar y condenar

Lo primero que muchas personas suelen hacer cuando alguien aparece en su vida es juzgarlo o etiquetarlo y asignarle un rol. Uno no puede evitar que lo juzguen y le asignen un papel. El asunto es que al aceptar esa etiqueta queda marcado por ella, y su esfera de acción, encorsetada y limitada por ese papel asignado.

Cuando juzgamos a otra persona estamos creando una visión a la que dotamos de poder que termina limitando a la persona juzgada.

Si alguien te juzga tachándote de pobre, esa visión puede afectar a tu conciencia de abundancia y hacer lo mismo con tu economía. Si quieres evitarlo debes eliminar o cambiar de inmediato ese rol de pobre que te han asignado.

Cuando alguien te juzga calificándote de enfermo, si aceptas ese rol te puedes empezar a sentir débil y crear los síntomas de la enfermedad, y en cuanto tu salud esté afectada, tu economía vendrá después. Así pues, el rol de enfermo también debe transformarse enseguida.

Cuando te vean como un ignorante debido a que no tienes formación, puede que menosprecien una buena idea proveniente de ti y la tachen de inútil. Si aceptas convertirte en ese personaje puede ocurrir que tú mismo condenes tu buena idea y con ello tu futura abundancia.

Si alguien te juzga por mediocre debido a que has dejado alguna tarea inacabada, realizado a medias una asignación, o has cometido errores varias veces y no has hecho nada para corregirlos, al ejecutar ese acto mediocre es posible que tu abundancia y tu dinero se vean afectados.

Evitar la mediocridad

Cuando alguien lleva la etiqueta de mediocre, chapucero o de no terminar bien las cosas, es como si hiciera karma negativo con el dinero sólo por haber permitido que esa máscara de mediocridad se le pegase. Probablemente no suba de categoría y sus clientes ni regresen ni lo recomienden a sus amigos o conocidos.

En cambio, la persona que hace su trabajo lo mejor posible, de buena calidad, evitando errores y sin dejar las cosas a medias, lo más probable es que tenga cada vez más trabajo, sus clientes lo recomienden a otras personas y sea candidato para puestos de responsabilidad.

En 1986 empecé a trabajar cuatro horas al día en una empresa pequeña como programador de software. Al principio me pagaban muy poco, pero al cabo de unos meses acabé trabajando ocho horas diarias y siendo el único programador de la empresa. Los tres o cuatro que había cuando comencé la abandonaron y no entraba nadie para sustituirlos, así que yo asumía cada vez más trabajo.

Me gustaba programar y se me daba bien. Solía llevarme manuales del trabajo a casa y comprar libros de programación que leía los sábados y domingos para aprender nuevas cosas. También me matriculé en la universidad en módulos de cursos de posgrado que me interesaban. Uno de esos cursos fue muy importante para conseguir el que sería mi segundo empleo en el mundo del software.

Resulta que la persona que me contrató en mi nuevo trabajo había sido director del departamento de la universidad donde había realizado uno de los cursos. Las claves para obtener el nuevo empleo, que estaba mucho mejor pagado que el anterior, fueron no sólo los cursos que había estudiado, sino la experiencia que había adquirido. En cuanto a mi primer trabajo, no se me olvida la cara que puso mi primer jefe mi último día de trabajo. Durante algunos años me pregunté ¿las lágrimas que tenía en los ojos se debía a que me iba?

La respuesta la hallé años más tarde, cuando mi esposa y yo tuvimos nuestra propia empresa. Hay personas cuya partida te produce tristeza, porque son buena gente, honrada y de buena voluntad. Otras personas, en cambio, cuando se van, voluntaria o involuntariamente, hacen que uno se quede más tranquilo. Quizás había karma negativo con algunos, y en el caso de otros era positivo. Lo que sí es verdad es que la excelencia deja un buen sabor de boca, mientras que la mediocridad deja un sabor amargo.

El poder de cambiar

Tal vez nos sintamos cómodos actuando como un determinado personaje. Pero puede suceder que al cabo de un tiempo deje de satisfacernos ese papel o nos cansemos de él, puesto que éste tiene el poder de limitarnos y esa situación acaba siendo un problema, de modo que debemos buscar el poder y la fortaleza para liberarnos de dicho papel.

A veces, para liberarse de ciertos personajes hay que dejar de estar con las personas que te perpetúan esa máscara o que te atan a ella. Quizás sea bueno abandonar por un tiempo las amistades que te atribuyen ciertas cualidades que ya no te interesan. También te puede ocurrir con familiares o con los padres, que te aman pero que aún ven en ti facetas del pasado, como el niño que necesita ciertos cuidados o que no sabe hacer tal cosa solo; y al estar cerca de ellos te las continúan perpetuando.

Aunque sea sólo por un tiempo, nunca es fácil dejar a los padres o a ciertas amistades para renovarse y liberarse de viejos personajes ya que, en cuanto una persona acepta un nuevo rol, le otorga poder y todo pasa a través de ese rol que acaba limitándole.

En ocasiones, damos poder a cosas en lugar de a personas. Ocurre a menudo con medicamentos, hierbas o alimentos que nos han dicho que son curativos y, al aceptarlo, les conferimos el poder de curarnos. Un ejemplo simpático es el efecto placebo: cuando prueban un medicamento nuevo con voluntarios hacen dos grupos, a uno le dan el nuevo medicamento y al otro, una pastilla de azúcar. Los voluntarios no saben a qué grupo pertenecen, a veces ni tan solo saben que hay dos grupos. ¿Te puedes creer que bastantes de los que toman la pastilla de azúcar se curan porque, al creer que se trataba del medicamento nuevo, le dieron el poder de curar?

Abusos de poder

Según el economista John Maynard Keynes, los gobiernos disimuladamente confiscan dinero a los ciudadanos cuando imprimen más dinero del que deberían. A eso se le llama inflación, y es un abuso de poder por haber gastado más de lo que recaudan con los impuestos, sobre todo si han iniciado alguna guerra que puede llevar al país a la bancarrota. Al imprimir más billetes aparece más dinero para comprar las mismas cosas. El resultado es que todo sube de precio y los ahorros y lo que uno gana valen menos.

Otros abusos de poder se realizan cuando una persona pone un precio excesivo a algo sin estar justificado, como ocurre con los monopolios, palabra que viene del griego *monoplion*. Mono significa «uno» y plion «el que vende» o «vendedor», es decir, que sólo hay uno que vende.

Cuando existe monopolio el vendedor adquiere poder: puede fijar el precio que quiera. Si pone un precio muy alto se produce un abuso de poder, los clientes lo notan y suelen enojarse. Por abusar de su posición de poder el vendedor hace karma negativo con el dinero y las personas.

Quizá no te des cuenta pero en la vida actual hay muchos monopolios. Algunos cines no suelen dejar entrar bebidas y si quieres beber algo lo tienes que comprar dentro del establecimiento. ¿Por qué? Porque así pueden poner el precio que quieran, que en muchos casos es abusivo, pero la gente lo paga porque no tiene otra opción si quiere beber o comer algo mientras ve una película.

Otro ejemplo es cuando quieres comprar el repuesto de tinta para la impresora. Usualmente cuestan caros y el motivo es que no puedes elegir comprar el repuesto de tinta que quieras, ya que el fabricante se queda con el monopolio de los cartuchos, de manera que sólo puedes comprar los suyos.[1]

John D. Rockefeller fue en su momento el hombre más rico del mundo y su ambición parecía ilimitada. Acerca de él se especulaba que quería monopolizar la industria del petróleo de Estados Unidos y obtener el control del país entero. Hay quien opina que él fundó «el gobierno invisible de los Estados Unidos» mediante un gran capital capaz de controlar y movilizar al gobierno.[2]

Detrás de los monopolios suele haber cárteles y grupos de poder. En el caso del petróleo, a medida que aumentó la dependencia del crudo en el mundo, se forjaron, y todavía se forjan, fortunas increíbles, muchas de ellas a costa de hacer karma negativo que algún día deberá ser saldado o compensado.

1. Milind M. Lele. *Monopoly Rules*. Crown Business, Nueva York, 2005, págs. 13-15.
2. *Oil. From Rockefeller to Iraq and Beyond*, pág. 15.

Vender hasta la vida

Una de las características de los Estados Unidos es que todo —o casi todo— se compra y se vende. En Miami escuché la broma de que si te pusieras a vender piedras diciendo que son especiales seguro que la gente las compraría. Cuando te vales de mentiras o engaños para vender haces karma con el dinero.

A veces se llega a extremos como, por ejemplo, cuando lo que se compra o se vende es la vida de personas, y no me refiero a esclavos, sino a personas libres que ponen precio a su vida si hay alguien dispuesto a pagarlo. Sin ir más lejos, durante la guerra civil de EE.UU. algunos millonarios pagaban a otra persona para que fuera a la guerra en su lugar, como hizo Carnegie, que pagó 500 dólares[3], o J.P. Morgan, que pagó 300.

Conspiración

Cuando la gente de un mismo ramo se junta, puede surgir alguna conspiración o estratagema para aumentar los precios en contra de los intereses públicos si todos los miembros de grupos de poder están presentes.*

---

3. David Rothkopf. *Superclass. The Global Power Elite and the World They Are Making* (*El club de los elegidos: como la élite del poder global gobierna el mundo*. Tendencias, Barcelona, 2009). Nueva York, Farrar, Strauss and Giroux, 2008, pág. 101.
* Adam Smith denunció este hecho en su libro *La riqueza de las naciones*.

Los que ostentan el poder, si no poseen cierto grado de integridad, pueden sucumbir fácilmente al dinero, o al beneficio propio, a expensas del bien de la gente. Hay personas que hacen karma negativo con ciudades, regiones e incluso países enteros.

La Historia de Europa es un ejemplo: el poder fue pasando de manos de los reyes a los banqueros, hasta tal punto que las victorias en las guerras que se hacían unos con otros dependían de los créditos que los bancos les dieran.

Muchas veces los bancos solían prestar a ambos bandos, sin importarles el número de individuos que muriesen, sólo qué gobierno iba a pagar seguro y qué gobierno iba a ganar o perder. Evidentemente al que perdía había que embargarle, y al que ganaba, mantenerle endeudado y esclavo de su deuda. Si no pagaba, no le prestaban más dinero, o se lo prestaban al vecino para que les hiciera de nuevo la guerra, y así poder embargar a otro país.

Realmente en la Historia ha habido muchas conspiraciones de poder y la mayoría de ellas han generado karma negativo con la Humanidad. Eso obliga a las almas que han participado en esos actos a tener que pagar una deuda a todos los ciudadanos de los cuales han abusado. Significa que una persona puede tener karma negativo con un país entero.

Capítulo 6

El motivo del corazón

La belleza atrae prosperidad

Hacía tiempo que quería ir a ver una figura del Arcángel Rafael que forma parte de la colección permanente del Museo de Arte del Condado de Los Angeles [1], así que, durante uno de mis viajes a la ciudad, me reservé una mañana de domingo para ir a contemplar la pieza original, que resultó ser una estatua de madera de tamaño casi natural creada por un artista del renacimiento italiano.

La verdad es que, gracias a una inspiración que tuve ese día, me di cuenta de que la creatividad y la belleza en realidad vienen de Dios. Cuando uno crea belleza intenta establecer una relación que le permita rodearse de ella, intuirla, detectarla y escuchar la voz interior que conduce a ella, y también evitar todo aquello que vaya en contra de la belleza.

Muchas veces crear cosas bellas no es cuestión de presupuesto sino de la cantidad de amor que haya en el co-

---

1. El nombre original en inglés del museo es LACMA o Los Angeles County Museum of Art. La dirección es: 5905 Wilshire Boulevard en Los Angeles, California (Estados Unidos).

razón y de que, de ese amor, seamos capaces de sacar algo cuyo resultado sean cosas creadas o compuestas por nosotros.

Mucha gente que tiene dinero intenta comprar belleza: visto desde el otro lado, cuando uno es capaz de crear belleza, por sí misma ella atraerá a las personas.

En la novela de Nicholas Sparks *El cuaderno de Noah*, basada en una historia real de la cual también se hizo una película, la pareja protagonista consigue casarse tras cumplir una promesa que él hizo durante la historia de amor que vivieron en la adolescencia. La promesa fue que arreglaría la vieja casa abandonada donde por primera vez consumaron su amor, y que ella tendría allí su piano y su estudio para pintar.

Después de ese verano, sus caminos se separaron y ella regresó a la ciudad. Años más tarde, la chica se prometió con un acaudalado joven, pero una fotografía de esa casa en el periódico justo antes de casarse, la hizo regresar al amor que encontró en la adolescencia. El muchacho protagonista no sólo compró esa casa que estaba abandonada y en muy mal estado, sino que la arregló y transformó en algo muy bello, como el amor que todavía sentía por ella.

Llegó a poner la casa en venta, pero algo le hacía rechazar cada oferta, incluso aquéllas que le pagaban más de lo que él pedía. Un día, un periodista hizo una fotografía de la parte exterior de la casa para un periódico. La muchacha, al ver la foto publicada en la prensa, decidió regresar para ver la casa, y allí encontró de nuevo a su amado y el amor perdido en el tiempo y la distancia.[2]

2. Nicholas Sparks. *El cuaderno de Noah*. Salamandra, Barcelona, 2002.

La creatividad no tiene precio

Hecho este inciso cinematográfico, vuelvo a mi experiencia en Los Ángeles.

Todavía feliz después de haber visto la imagen del Arcángel Rafael, continué merodeando por el museo cuando una vasija de porcelana me llamó la atención porque estaba pintada con unos colores preciosos que formaban una combinación bellamente armoniosa y exquisita. Después de observar esa pieza de arte, me vino de repente a la mente una idea que aún hoy, al recordarla, me parece verdaderamente liberadora. Es la siguiente: la obra de un artista, cuando proviene de inspiración o conexión con Dios, tiene un valor incalculable, por la belleza y la autenticidad de la obra creada. Las personas sensibles pueden percibir que proviene del cielo, y las demás lo ven simplemente como algo hermoso. Mucha gente estará dispuesta a pagar lo que sea por tener un pedacito de cielo o por tener algo bello en su casa.

Todavía en el museo y rodeado de bellas obras de arte, continuó mi meditación y observé que conectar con Dios y traer un pedacito de cielo a la materia puede proporcionar libertad económica.

El amor no cuesta dinero, hacer las cosas con amor tampoco cuesta dinero. Sin embargo, las personas estarán dispuestas a pagar más por comprar un pedacito de amor. En este mundo no abundan las cosas del cielo, por lo tanto, la gente está dispuesta a pagar lo que sea por ellas. Y ¿cuánto cuesta traer cosas del cielo?: sólo un poco de amor, un poco de paz, un poco de meditación y un poco de protección.

Un corazón egoísta

Tanto el amor como el odio actúan igual que un imán: atraen al objeto o la persona amada u odiada. Por eso, cuando alguien te cae mal o algo te desagrada, sea una persona o una cosa, la atraes a tu vida. Cuando la amas, seguramente te estás tropezado con karma positivo. Cuando te cae mal o la odias, está llegando a tu puerta karma negativo. Cuanto antes lo afrontes y lo resuelvas positivamente, antes te liberarás de él.

Si todo el mundo te cae mal tu economía se resiente, porque tus clientes también te caen mal. Y ese sentimiento tarde o temprano aflora a la superficie y tus clientes ya no se sienten bien contigo. Cuando alguien no te cae bien, significa que no eres capaz de ver el Cristo sino solamente la parte humana inferior. ¿Cómo se traduce esto?: Se traduce en que tampoco eres capaz de ver el Cristo en ti, tan sólo ves tu parte humana inferior, egoísta.

Tan pronto como empieces a ver el Cristo en los demás, automáticamente lo verás también dentro de ti, y al revés, en cuanto veas el Cristo dentro de ti, también lo verás en los demás. Mientras permanezcas sin ver al Cristo, vas a continuar esclavo del ego humano. En el aspecto económico, te vas a mover por el universo limitado y competitivo con los seres humanos que copian las ideas o las imitan en una lucha por unos recursos que creen limitados. No se dan cuenta de que, al dirigirse al Cristo, al momento dejan de vivir en la limitación humana y abren la puerta a la abundancia de Dios, en forma de inspiraciones e ideas que liberan. Lo único que Dios te pide es que te atrevas a llevar a cabo las ideas e inspiraciones que Él amorosamente siembra en ti.

El corazón humano llega a olvidarse de todo, incluso de Dios, por pensar sólo en el dinero. A eso se refirió Jesucristo cuando dijo «¡ay de vosotros, ricos!», antes pasará un camello por el ojo de una aguja que un rico al reino de los cielos. Se refiere a que amar al dinero por encima de todo equivale a cerrar las puertas de acceso al cielo. El libro de Enoc previene acerca de olvidar a Dios por culpa del dinero y no reconocer que es Él quien lo proporciona:

> Pobres de vosotros que sois ricos, porque habéis confiado en vuestras riquezas, pero por ellas seréis apartados, porque no os habéis acordado del Altísimo en los días de vuestra prosperidad.[3]

Un corazón agradecido

Después de usar en repetidas ocasiones la oración —el decreto— a Fortuna, la Diosa de la Provisión, siempre he sentido en mi corazón una profunda gratitud hacia ella por haberme proporcionado el dinero necesario para llevar a cabo cada publicación y cada proyecto que tuviéramos entre manos, tras haberle pedido la cantidad exacta que nos hacía falta.

---

3. Enoc 93:7. *El libro de Enoc.* Porcia Ediciones, Barcelona, 2012, pág. 141.

En cierta ocasión, se me ocurrió que publicar una imagen de Fortuna sería de gran ayuda para que las personas pudieran visualizarla y pedirle en oración el dinero que en ese momento necesitaran, así que le pedí a mi amigo, el artista Marius Michael-George, que hiciera una pintura de la Diosa de la Provisión.

Pocos meses después, me mostró la imagen que él creó y recuerdo la primera impresión que tuve, ¡qué belleza!, exclamé. Él me confesó que la primera persona a la que mostró el cuadro le compró el original allí mismo.

La imagen es muy bella e inspira abundancia a mucha gente, todo ello gracias, por un lado, a la inspiración de un artista y, por otro, al motivo que hizo nacer la idea en sí, el cual sencillamente era dar las gracias. Por cierto, mucha gente la ha copiado y pirateado, incluso la llaman «Abundia». Su verdadero nombre es «Fortuna» Diosa de la Provisión.

El motivo es lo que cuenta

Lo que cuenta es el motivo que hay en el corazón. Cuando quieras conocer a alguien de verdad, lo primero que debes procurar es saber el motivo que se esconde en su corazón. Si no lo ves o no tienes idea de cómo descubrirlo, entonces pregunta directamente a la persona: ¿por qué haces esto?

Cuando lo haga sólo para ganar dinero, es muy probable que a la persona no le guste lo que hace y lo termine con prisas, rápido, a medias, con materiales baratos o con productos de baja calidad, para así sacar mayores beneficios económicos. En ese caso el proyecto resultante puede llegar a ser chapucero, estar mal acabado o simplemente rayar la mediocridad o tener una vibración baja.

Debido a la falta de sensibilidad que genera el puro egoísmo, es posible que uno haga karma negativo con el dinero por haberlo gastado en fomentar la mediocridad, la chapuza y la falta de consideración. Cuando uno vive en un mundo de mediocridad, la abundancia se aleja.

Si, al margen del dinero, la persona gusta y disfruta con lo que hace, tiene ganas de servir y no le importa el tiempo que tenga que dedicar, la cosa empieza bien. Es posible que el resultado sea bueno, haya o no dinero de por medio. En el mundo en que vivimos, a veces no sólo nos cuesta dinero sino que puede que sea caro, pero si es un buen servicio, un buen trabajo, rayando la excelencia, eso no tiene precio. Cuando hayas gastado dinero para atraer la excelencia a tu mundo, eso impulsa tu prosperidad y haces buen karma con el dinero.

Edgar Cayce, clarividente estadounidense conocido como «el profeta durmiente», entraba en trance para responder cualquier cuestión que una persona le preguntase. Gran parte de las preguntas tenían que ver con curar enfermedades o dolencias, pero muchas otras eran acerca de dinero o negocios.

Tuvo tan excelentes resultados con las enfermedades que daba por seguro que al entrar en trance daría con la curación. Ocurrió que, en algunos casos, la gente no seguía del todo los consejos que había recibido durante el trance, y eso animó a Cayce a promover la construcción de un hospital donde hacer seguimiento y garantizar que el procedimiento curativo se seguía tal como se había indicado en la sesión.

Edgar Cayce tuvo mucho éxito como clarividente, lo cual es lógico; imagínate poder acudir a una persona que te responda a cualquier pregunta que tengas, especialmente aquéllas que son honestas y con las que no se quiere perjudicar ni interferir en la vida de nadie.

En cierta ocasión, alguien le escribió acerca de un lugar donde presuntamente había petróleo. Él efectuó, como siempre, una sesión en estado de trance y el resultado fue tan preciso y detallado que él mismo se interesó por el asunto, sobre todo porque parecía una manera fácil de ganar mucho dinero, el cual pensaba usar para la construcción de su hospital.

La cuestión es que Cayce llegó a formar sociedades en las que aparecía su nombre, como la Cayce Petroleum, otras sin su nombre, como la Big Five Petroleum o la Miami Land Development Company[4]; también buscó inversores, colaboradores, etcétera, y aunque las lecturas eran precisas en cuanto a la ubicación y la cantidad de petróleo, nunca fue capaz de extraer una gota.

---

4. Sidney D. Kirkpatrick. *Edgar Cayce. An American Prophet*. Riverhead Books, Nueva York, 2000, pág. 242.
5. Ibíd., pág. 221.

El motivo de Cayce podía parecer honesto: construir un hospital; pero llegó a ser una obsesión. Y el olor a dinero, una tentación. Sin quererlo se dejó arrastrar por la «fiebre del oro negro», un mundo dominado por la codicia, la violencia, el sabotaje y el engaño[5]. Las historias que circulan acerca de las barbaridades que se llegaron a hacer en esa época son espeluznantes. Por culpa del dinero del petróleo se cometieron gran cantidad de actos fraudulentos y horrendos.

Lo que planteo aquí es que la industria del petróleo empezó con mal pie y eso nos afecta hasta hoy día. Y Cayce se metió de lleno en ese ambiente. La mayoría de individuos que tenía a su alrededor perseguían dinero fácil: simplemente hacerse ricos. Uno de sus pozos fue saboteado más de una docena de veces[6] para que no extrajeran nada de su petróleo. Los saboteadores esperaban a que venciera el contrato de arrendamiento del pozo para firmar ellos un nuevo contrato, y extraer ellos lo que habían impedido al propietario anterior.

Éste es un ejemplo claro de que el motivo verdadero por el que se hacen las cosas importa, y si éstas se tuercen, al final el resultado no es el que uno espera. El hospital de Cayce llegaría, pero rodeado de gente más honesta, no tan contaminada.

---

6. Ibíd., pág. 243.
7. En el Wall Street Journal del lunes 13 de abril de 2009 apareció un artículo en portada titulado: «Oil Industry Braces for Drop in U.S. Thirst for Gasoline».

Lo que mueve a los Estados Unidos

Los periodistas Ana Campoy y Russel Gold escriben[7] que el consumo de gasolina en Estados Unidos ha tocado techo, pero lo interesante es la idea que desvelan estos periodistas acerca de cómo los Estados Unidos de hoy fueron concebidos en cuanto al diseño de sus ciudades, sus impuestos, incluso la política exterior; y el motivo es el mismo: más consumo de gasolina. Del petróleo que se consume en el mundo, uno de cada diez barriles va a los tanques de gasolina de algún vehículo en Estados Unidos. Eso es mucho más de lo que consume la China entera. Ejecutivos de la Exxon Mobil Corp. —y otros expertos— creen que no aumentará el consumo de gasolina. Da la casualidad de que la Exxon es un monstruo de generar dinero: a fecha de hoy es la compañía de petróleo más grande que cotiza en bolsa.[8]

Bueno, ¿y de dónde viene la Exxon? ¿Y qué tiene esto que ver con el karma? Es mejor analizar primero la historia y luego ver cómo se manifestó el karma.

Desde que nació la industria del petróleo, a mediados del siglo XIX, lo que esta materia prima ha despertado en la Humanidad ha sido codicia, corrupción y beligerancia, que ha traido como consecuencia varias guerras.

De los primeros años de la fiebre del oro negro se pasó

---

8. Ibíd.
9. *Oil. From Rockefeller to Iraq and Beyond*, pág. 7.

al imperio devorador de John D. Rockefeller, la Standard Oil, creada a base de negocios fraudulentos y corrupción de gobiernos al más alto nivel, que tuvo como resultado la creación de uno de los cárteles que más éxito y más tiempo ha durado de lo que el mundo haya visto hasta ahora.[9]

Cuando en 1911 el Tribunal Supremo de Estados Unidos condenó a la Standard Oil a segregarse en treinta y cinco empresas separadas, adivina cuál fue una de ellas: la Exxon.

Desde entonces y hasta ahora el gobierno de los Estados Unidos y las grandes compañías de petróleo* han estado muy conectados; se podría decir que son novios o que flirtean. Rockefeller tenía agentes por todo el mundo que formaban una diplomacia semioficial con capacidad para negociar directamente con el gobierno de cualquier nación.[10]

Tanto la sed de petróleo como los increíbles beneficios que ofrecía tentaron y atrajeron a las grandes compañías a buscar fuera de sus fronteras. Multinacionales petroleras inglesas, francesas y estadounidenses han buscado explotar el petróleo de África, Asia y América Latina, donde no han dudado en corromper o subvertir a gobiernos para poder ganar el control del oro negro del país.[11]

La codicia es lo que ha motivado las guerras por el control de las reservas de petróleo del país. La primera estalló

---

* En inglés, a las grandes compañías de petróleo se las conoce como Big Oil.
10. *Oil. From Rockefeller to Iraq and Beyond*, pág. 7.
11. Ibíd.

en 1932, cuando Bolivia invadió Paraguay por la posesión de la supuestamente reserva petrolífera del Gran Chaco. Otras guerras se han declarado desde entonces. Las últimas han sido la invasión de Kuwait en 1990 y el ataque a Iraq en 2003. Siempre con el objetivo de asegurarse más petróleo y alterar el equilibrio de poder a favor de uno de los contendientes.[12]

Y ahora veamos cómo se manifestó el karma. Durante la década de 1950, Estados Unidos era el número uno del mundo en producción de petróleo. «Parecía como si el país flotara en un océano de oro negro». En ese momento nadie pensaba que la fiesta del petróleo abundante pudiera acabarse. Todos excepto Marion King Hubbert, que en 1956 predijo que el petróleo norteamericano llegaría a su nivel máximo alrededor de los años 70 y que declinaría rápidamente después. Como nadie le creía, en cuanto llegó esa década y su predicción se cumplió, otros geólogos empezaron a prestar atención a sus teorías.[13]

En resumidas cuentas, Dios ofreció a los EE.UU. petróleo en abundancia durante algún tiempo, y el resultado fueron monopolios y dinero mal usado para corromper e incluso comprar gobiernos. Pero en pocos años cortó el grifo y el país tuvo que empezar a comprar petróleo fuera.

12. Ibíd., págs. 7-8.
13. David Goodstein. *Out of Gas*. W. W. Norton & Company, Nueva York, 2005, págs. 24-26.

Hay una élite que no quiere soltar su gallina de los huevos de oro y por ello los Estados Unidos son casi esclavos del petróleo. Hoy día el karma por dinero del oro negro afecta a la mayoría de estadounidenses, por no decir al mundo entero. Cuando a uno le cuesta liberarse de algo es porque tiene karma negativo que esconde alguna lección no aprendida o algo que no domina. Si el dinero se gasta en productos ilegales o de baja calidad, falsificaciones que perjudican la salud o son muy contaminantes, se hace karma negativo con el dinero porque uno está fomentado la mediocridad, la ilegalidad, y puede sin darse cuenta llegar a promover la corrupción, las mafias e incluso la esclavitud.

Si al gastar tu dinero no eres consciente de aquello que estás fomentando, la ley del karma se encargará de mostrártelo. Cuando en mayor o menor grado alimentes con tu dinero la esclavitud de otros, el resultado será que en mayor o menor grado tú también serás esclavo del dinero, en esta vida o en las siguientes.

Capítulo 7

El oro

La sabiduría

De todo el potencial que tiene la mente humana sólo usamos una parte que se llama intelecto humano. Éste realiza, entre otras, las funciones analítica, deductiva y, en general, la forma de pensar lógica. La mente humana suele vivir limitada por la dualidad: bueno o malo, arriesgado o seguro, caro o barato, y en lo concerniente al dinero, está muy influenciada por el miedo, la codicia, la avaricia o el orgullo, y la mayor parte del tiempo está pensando cómo ahorrarlo o ganarlo, juzgando, criticando, copiando lo que otros hacen y perdiendo el tiempo escuchando sandeces o pasando excesivo tiempo frente al televisor.

La sabiduría, por el contrario, proviene del intelecto divino —de Dios— que es la fuente original donde todo está disponible: pasado y futuro, inventos que vendrán y maravillas que se perdieron, así como el registro de las vidas pasadas tuyas y de toda la Humanidad.

La sabiduría puede corromperse con emociones negativas o se puede utilizar mal o egoístamente. Por otro lado, hay emociones negativas paralizantes que impiden que se lleven a término buenas ideas y hacen que se queden en meras intenciones o vivan sólo en la imaginación del inventor.

Como si se tratara de semillas, las ideas necesitan una mente fértil y, si bien hay personas en quienes las buenas ideas no prosperan, puede que las comenten y que otro las haga suyas —las copie— y finalmente las lleve a término.

Nada nuevo bajo el Sol

La sabiduría puede hallarse en la persona más insospechada. Un ejemplo es el paciente esquizofrénico que inspiró a Jung a descubrir y dar nombre al inconsciente colectivo, concepto que en la actualidad usan miles de psicólogos y psiquiatras en todo el mundo.[1]

Todo empezó con la visión de ese paciente, al que se conoce como «el hombre del falo solar», pues durante una de sus alucinaciones movía la cabeza de lado a lado mientras miraba al cielo por una ventana del hospital mental donde estaba internado. Al preguntar al paciente por qué hacía ese movimiento, respondió que estaba mirando el falo del Sol y al mover la cabeza éste también se movía y provocaba que el viento soplara.[2]

Cuatro años más tarde, en un libro de mitología antigua sobre mitraísmo, una religión persa basada en el culto al Sol, Jung advirtió que el viento procedía de un tubo que colgaba del Sol y que podía ser visto por los que miraban

---

1. Michael Talbot. *The Holographic Universe*. Harper Perennial, Nueva York, 1992, pág. 60.
2. Deirdre Bair. *Jung: A Biography*. Back Bay Books, Nueva York, 2004, pág. 177.

desde el este hacia el oeste. La similitud lo dejó atónito y dedujo que la alucinación procedía del inconsciente colectivo, puesto que el paciente esquizofrénico estaba internado desde mucho antes de que se publicara la primera edición de ese libro.[3] El inconsciente colectivo es un concepto sumamente interesante que explica que, cuando uno profundiza en su interior, puede conectar primero con el inconsciente personal, pero si continúa, hallará toda la sabiduría acumulada por la Humanidad en ese inconsciente colectivo.

Esta teoría confirma que todos estamos conectados y que lo que uno hace queda registrado en el inconsciente colectivo. Lo que te interesa saber a efectos de lo que estamos tratando aquí es cómo acceder a esos vastos océanos de sabiduría y experiencia.

La meditación es una de las herramientas que le permiten a uno conectar con la mente superior —la mente divina—, la cual tiene acceso a todo lo que haya ocurrido en el pasado y a todo lo que ocurrirá en el futuro. Por eso es importante desconectar por un rato la mente humana y ponerse a meditar, que no es más que acceder a la mente de Dios.

Todo lo que le ate a uno a la mente humana, especialmente las preocupaciones, los miedos y temores o la ansiedad, le van a impedir llegar a la mente divina y no podrá acceder a los océanos de información de todo lo que ya ha sido inventado hace miles o millones de años, y todo lo que se inventará en el futuro.

---

3. Ronald Hayman. *A Life of Jung.* W.W. Norton & Co, Nueva York, 2002, pág. 122.

Si se quiere facilitar la meditación, el silencio o una música suave son de gran ayuda para relajarse y soltar la mente, que son los primeros pasos de la meditación. Si lo deseas, puedes observar los pensamientos que pasen por tu mente pero sin juzgarlos ni preocuparte por ellos; simplemente eres un observador de tus pensamientos y de lo que ocurre en tu mundo. Poco a poco, te desconectas de las preocupaciones cotidianas y abandonas el miedo y la ansiedad. Cuando empieces a sentir paz y tranquilidad, estarás listo para empezar a volar y llegar a la mente divina, que te permitirá acceder a la sabiduría universal del inconsciente colectivo.

El orgullo

Cualquier idea, visión o intuición que conduzca a un nuevo invento Dios la deposita en la mente de varias personas porque sabe que no todas la van a llevar a cabo; basta con que una responda para que el invento se materialice.

Sin embargo, el orgullo puede jugar una mala pasada al inventor y hacerle creer que fue él quien concibió esa idea. Cuando aparece el orgullo uno hace karma negativo y Dios empieza a debilitar la conexión. Si ese rasgo perdura, puede suceder que la conexión con la mente divina se corte del todo y el karma negativo aumente.

El orgullo es una de las principales causas de que las personas hagan karma con el dinero. No se dan cuenta de que al albergar orgullo interrumpen la conexión con Dios y pierden esa fuente inagotable de soluciones creativas e inventos. Tan pronto como pierden la conexión, tienen que buscar la fuente de inspiración en otras personas y copiar o inspirarse en lo que otros han hecho.

Cuando el individuo se percate de sus limitaciones, quizás abandone su orgullo y se vuelva de nuevo humilde. Eso le permitirá restablecer poco a poco la conexión con Dios y acceder de nuevo a la mente divina de la que se separó por un tiempo.

Así les ocurre a muchos jóvenes que consiguen conectar con Dios, pero el transcurso del tiempo y las circunstancias de la vida —el karma negativo— les pueden llenar de orgullo o rebeldía y poco a poco van perdiendo la «musa inspiradora» que es el vínculo con Dios. Tal vez se entreguen a la bebida para olvidar o a las drogas para buscar un sustituto de la conexión perdida. Todo ello va debilitando el contacto con la mente divina, y hasta que no abandone todos esos hábitos no la recuperará.

Recuerdo que, poco después de que mi esposa y yo creáramos la editorial, un colaborador externo que tuvimos me confesó que él y otra persona habían pensado crear una editorial de la misma línea que la nuestra y ubicarla precisamente en Miami (EE.UU.).

También nos ha ocurrido que individuos del mundo editorial han copiado algunas de nuestras ideas. Recuerdo el caso de un editor al que le ofrecí la distribución de nuestros libros, y dijo que lo pensaría; de veras que lo hizo: no sólo no los distribuyó sino que creó una nueva editorial con una línea inspirada en la nuestra.

También he visto otras editoriales que han creado líneas con títulos parecidos a los nuestros y, últimamente, personas que trabajaron en la editorial y, de golpe y porrazo, empezaron a publicar libros muy parecidos pensando que tal vez sería «coser y cantar». La realidad les demostraría que era todo lo contrario.

El inventor inspirado

La vida de Nikola Tesla* —uno de los inventores más fascinantes de todos los tiempos— es un buen ejemplo de karma con el dinero. Las circunstancias —su karma— no le permitieron ser millonario pero, poco después de emigrar a los Estados Unidos, ganó mucho dinero con la patente de alguno de sus inventos.

Aunque al final de su vida casi carecía de medios con qué vivir, sí tuvo épocas de abundancia que le permitieron residir en suites de hoteles en Manhattan. Primero en el lujoso Waldorf Astoria durante dos décadas, después en el Saint Regis, luego en el Hotel Pennsylvania, más adelante en el Hotel Gobernador Clinton y durante la última década de su vida en el New Yorker[4]. Excepto el hotel Gobernador Clinton, que hoy en día se llama Affinia Manhattan Hotel, el resto todavía existen. De hecho, la primera vez que estu-

---

* Nikola Tesla nació en Smiljan (Croacia) la medianoche del 10 julio de 1856 y murió en la suite 3327 de la planta 33 del hotel New Yorker en Nueva York el 7 de enero de 1943. Se le podría llamar «el genio que iluminó al mundo» porque uno de sus inventos fue el motor de corriente alterna cuyo principio usamos todos los días cuando enchufamos algo a la red de corriente eléctrica. Entre sus descubrimientos están la luz fluorescente, el rayo láser, las comunicaciones sin hilos, el control remoto, los robots, las turbinas de despegue vertical de aviones y la electricidad sin hilos.
4. Margaret Cheney. *Tesla. Man Out of Time.* Touchstone, Nueva York, 2001, pág. 282.

ve en Nueva York me hospedé en el Pennsylvania, y si en aquella época lo hubiera sabido, habría visitado la planta donde Tesla tenía su suite.

Así describió él las inspiraciones que recibe un inventor: «Hay tantas ideas que intentan llegar a su cerebro que el inventor sólo puede cazar al vuelo algunas de ellas, y de esas sólo puede dedicar tiempo y esfuerzo a perfeccionar unas pocas. Y ocurre a menudo que otro inventor que ha concebido la mismas ideas se le adelanta a uno y las lleva a cabo. Oh, te aseguro que eso le duele a uno en el corazón».[5]

Inventos liberadores que no prosperan

Con el apoyo del banquero J. P. Morgan, Tesla construyó una torre que sería la primera en transmitir «sin cables» señales de radio y electricidad a cualquier punto del globo. La torre era un gran transmisor que utilizaría la Tierra como una dinamo gigante y que sería capaz de proyectar una cantidad ilimitada de electricidad que estaría disponible en cualquier parte del mundo.

Debido a falta de acuerdo entre Tesla y el banquero en cuanto al uso final de la torre, Morgan decidió no conceder más fondos. Su comentario al respecto fue: si desde cualquier parte se puede acceder a la electricidad, ¿dónde pondremos el contador?

5. Ibíd., pág. 140.

Ese invento sobrepasaba la mentalidad de la época. Hoy día todavía la electricidad se transmite por cables, aunque una empresa ha anunciado que en breve comercializará un sistema que a través del aire proporcionará electricidad a bombillas, televisores y a cualquier aparato eléctrico. Evidentemente hay gente que ya ha expresado su preocupación por la seguridad para las personas, a lo que la compañía responde que el sistema es seguro y que no es nuevo ya que el inventor Nikola Tesla, durante la década de 1890, había elaborado un plan seguro para enviar corriente eléctrica por el aire.*

Inventos peligrosos

Un pequeño oscilador que Tesla estaba probando provocó en cierta ocasión un leve terremoto en el sur de Manhattan. Él tenía su estudio en lo que es ahora el Soho neoyorquino, y la prueba consistió en colocar el vibrador en una de las vigas de hierro que conectaban el edificio con el suelo. Al poco, todo empezó a vibrar y en los barrios vecinos de Chinatown y Little Italy los edificios empezaron a temblar y a romperse las ventanas.

Alertada la policía acerca del terremoto local, dos agentes se presentaron de inmediato en el laboratorio del sospechoso inventor que justo acababa de quitar el aparato de la viga con un hacha. Al abrir la puerta a la policía, actuó como si nada hubiera ocurrido.

---

* David Colker. «Electricity could go wireless». Los Angeles Times, 28 de julio de 2009, pág. B7.

Al día siguiente, probó el oscilador en un rascacielos en construcción y poco después de pegar el oscilador a una de las vigas del edificio éste empezó a temblar. Si no lo hubiera sacado, el edificio entero se habría desplomado. A los pocos días el inventor se jactaba de ser capaz de derribar el puente de Brooklyn con un pequeño invento suyo.[6] Es verdad que Dios tiene la sabiduría y al mismo tiempo la responsabilidad de limitar el poder y la inventiva que da a las personas, porque de la misma manera que Tesla con un pequeño invento podía derrumbar un edificio entero, ¿qué otros inventos no habrán visto la luz por intercesión divina porque en lugar de echar por tierra un edificio podrían haber provocado un incidente más grave? ¿Cuántas vidas le costaría a un inventor transmutar el karma negativo generado por un invento que provocase, por ejemplo, una destrucción masiva?

El oro

Si nos valiéramos del símil de los metales, la mente humana sería como el hierro, que se oxida, o como el cobre que se pone verdoso, o la plata que se oscurece. En cambio, la mente divina, si se comparase con algo, sería con el oro: brillante, invariable, moldeable y nunca se oxida.

---

6. Margaret Cheney. *Tesla. Man Out of Time.* Touchstone, Nueva York, 2001, pág. 150-1.

El oro ha sido siempre muy valorado como medio de intercambio. Sin embargo, en la antigüedad era considerado una sustancia divina posiblemente por su parecido con el color de los rayos del sol.

En el antiguo Egipto se creía que el oro era sagrado para el dios sol Ra y, por ello, a sus faraones los enterraban con gran cantidad de este noble metal. Para los incas, representaba el sudor del sol y cubrían las paredes de sus templos con oro. En la antigua India, era como el semen de Agni —el dios de fuego— y la gente donaba oro por cualquier servicio que prestara un sacerdote de Agni.

Si conoces algún sacerdote que atraviese problemas económicos, quizás en otra vida hiciera karma con el dinero, en caso de que sólo le interesase el oro. En esta vida tiene el mismo trabajo pero esta vez sin oro, para que se enfoque de veras en sus labores de sacerdote.

En la Edad Media, las monedas de oro circulaban en bolsas cerradas con sello de lacre para garantizar que la bolsa no se hubiera abierto; de lo contrario, más de uno habría limado un poco cada moneda y con las motitas de oro habría fundido una nueva moneda. ¡Cuántos de nosotros no habremos hecho karma con el dinero limando monedas de oro y plata! Si alguna vez has tenido una pieza de oro en tus manos y te ha pasado por la mente que una lima te sería de mucha ayuda, ya sabes de dónde puede venir la idea y dónde puede estar parte de tu karma.

En los Andes colombianos los indios chibchas, cuando elegían al nuevo jefe de la tribu, lo cubrían por completo con una pasta pegajosa sobre la que soplaban polvo de oro mediante cañas hasta que pareciese una estatua dorada. Abandonaron ese ritual poco antes de la llegada de los españoles quienes, al enterarse, bautizaron el lugar con el nombre «El Dorado», cuya riqueza ha sido una de las más buscadas durante los últimos cinco siglos.[7]

El mito de El Dorado

Los españoles, en cuanto supieron del mito de El Dorado, enviaron varias expediciones que, aparte de peligrosas y de costar la vida de muchas personas, resultaron infructuosas.

Tras repetidos fracasos, llegaron a la conclusión de que El Dorado debía de encontrarse en la selva entre las cuencas del río Orinoco —Venezuela— y el Amazonas —Brasil—, territorios que no habían explorado y que el testimonio de un tal Juan Martínez parecía apoyar, ya que en esa zona varios indios le condujeron durante algunos días y con los ojos vendados a una ciudad que él llamó Manoa, donde todo en el palacio real era de oro.

El Dorado nunca fue encontrado salvo en la mente de españoles e ingleses, y representaba la codicia de un nuevo mundo en el que uno podía enriquecerse rápido. ¡Cuántas veces las personas se han dejado llevar por la codicia cuando alguien les habla de dinero fácil! Si han sido alguna

---

7. Jack Weatherford. *The History of Money.* Three Rivers Press, Nueva York, 1997, págs. 26-7.

vez víctimas de esa fiebre, quizá en otras vidas estuvieron buscando oro en el nuevo mundo, donde bastantes no hallaron más que su propia muerte.

Aunque El Dorado nunca fue descubierto, al norte de Río de Janeiro, en Brasil, sí se encontró mucho oro, en Minas Gerais (minas generales), lo cual motivó que el tráfico de esclavos de África a Brasil fuera el más numeroso de toda América. ¿Hizo karma Brasil por importar tantos esclavos? Evidentemente dependió del trato que cada capataz les diera, aunque para saberlo basta con mirar cómo está el país carioca hoy día, la pobreza o miseria que abriga, para tener una pista de lo que pudo ocurrir en el pasado.

La fiebre del oro

A lo largo de la Historia, la fiebre del oro se ha repetido en diversas ocasiones y uno de los mejores ejemplos es el que tuvo lugar en California (EE.UU.).

Todo empezó una mañana de enero de 1848 cuando un carpintero encontró lo que parecían motas del brillante metal en la confluencia de los ríos Americano y Sacramento. Sólo en la primavera de ese mismo año, en la por entonces poco poblada California, la mitad de la población abandonó granjas y hogares y se fue en busca de oro.

En otoño de 1848, la noticia del descubrimiento apareció en los periódicos de Nueva York. La fiebre del oro llevó a muchas personas de la costa este a cruzar por tierra los Estados Unidos en dirección al oeste. Se calcula que durante 1849 unas 5.000 personas perdieron la vida durante el viaje debido al cólera, a los indios, o simplemente a causa de accidentes. Otros decidieron ir a ese estado por mar, desde Nueva York hasta Panamá, cruzar el estrecho en burro y luego continuar por el Pacífico en barco hasta San Francisco. Muchos de ellos murieron por el camino, sobre todo en Panamá, por las fiebres tropicales del río Chagres.[8]

La mayoría de los que fueron eran hombres y las pocas mujeres que había trabajaban en «salones». Para los que llegaron pronto y encontraron oro valió la pena el viaje. Su lección sería qué uso harían de ese dinero. Para los que llegaron tarde, las lecciones serían otras. Y para los que no llegaron puede ser que, además de perder la vida, les quedase una deuda para la vida siguiente si dejaron desamparados a mujer e hijos, o a otros familiares que estuvieran bajo su responsabilidad.

Ésos son algunos casos de cómo las personas hacen karma con el dinero o por el dinero.

Esta triste historia no se aleja mucho de las desventuras que pasan en la actualidad tantos individuos cruzando las fronteras de países centroamericanos hasta adentrarse —¿de nuevo?— en tierras estadounidenses. ¿Irán en pos de un lejano sueño olvidado? Quién sabe.

---

8. Timothy Green. *The New World of Gold*. Walker and Company, Nueva York, 1981, págs. 5-9.

Acceso a la sabiduría

Internet es un ejemplo de sabiduría divina plasmada en el mundo físico. Representa libertad de acceso a periódicos y publicaciones y catálogos de cualquier parte del mundo, además de un sinfín de productos, servicios y un abanico de nuevas oportunidades que genera para muchas personas. Pero también se puede utilizar mal. Basta con comprobar que hay pornografía de todo tipo, acceso a armas e información peligrosa, grupos terroristas y sectas de magia negra.

En cambio, la mente humana suele acabar al servicio de los egoístas y de los conspiradores que no tienen acceso a la mente divina y viven en el mundo del intelecto humano, que no es más que un mundo lleno de limitaciones. Un ejemplo a gran escala ocurrió en Roma, donde se cometió mucho karma con el dinero, porque para vivir necesitaba conquistar y saquear constantemente países vecinos.

Probablemente esos saqueos, robos y matanzas ayudaron a precipitar la caída del imperio romano.

Capítulo 8

Materializar la abundancia

La disciplina puede sonar como algo rígido y asociado a lo militar o lo deportivo. De hecho, es una cualidad importante en cualquier faceta de la vida, como cuando uno está bajo la tutela de un maestro que le va a exigir ese atributo ante todo. Si uno conversa con personas que han tenido éxito con el dinero, siempre aparece la disciplina, cualidad que suele manifestarse en el momento de gastar y de esperar el momento adecuado para comprar.

Otra de las bases para desarrollar una buena conciencia de abundancia es precisamente nutrir y cuidar correctamente la conciencia propia de abundancia: el hecho de no asignar los recursos suficientes a una faceta de la vida impide que esa faceta se desarrolle y crezca. Por una u otra razón, en ésta o en otra vida, nuestra falta de integridad, sobre todo la falta de disciplina y sentido práctico, hacen que invirtamos o gastemos cuando y donde no debemos.

Ser una mala madre o un mal padre con las ilusiones y los anhelos que tienen que ver con su misión, hace que las personas no persigan sus sueños y sean esclavos del destino, esclavos del trabajo; en otras palabras, esclavos del karma negativo y del karma con el dinero.

Una buena madre hace crecer la abundancia

Cada persona tiene un lado femenino. La parte femenina es sensible a las necesidades de otros y se encarga de nutrir, proporcionar cobijo y hacer crecer. Las mujeres lo suelen tener más desarrollado que los hombres, pero ellos, en los tiempos que corren, están expresando, potenciando y, en algunos casos, exagerando su lado femenino. Lo bueno que hace una madre con su hijo debería hacer cada cual con su conciencia de abundancia: ser una buena madre y nutrirla cada día, evitarle excesos para que crezca sana, darle cobijo y protegerla para que se mantenga por el buen camino del crecimiento y no busque desvíos ni el dinero fácil que las malas compañías atraen.

Un buen padre con la conciencia de abundancia

Asimismo, cada persona tiene un lado masculino que quiere ser independiente, original, aventurero o, simplemente, él mismo. La parte masculina le da fuerzas a uno para luchar y enfrentarse a otros que le estén limitando u oprimiendo. Sin la parte masculina no empezaríamos nuevas cosas, no nos independizaríamos, ni lucharíamos contra aquello que es injusto. En el caso del karma con el dinero, sin un componente masculino fuerte, uno no se libera y continúa esclavo del dinero.

Los hombres lo suelen tener más desarrollado. Sin embargo, las mujeres están expresando y potenciando cada vez más su lado masculino.

A veces el padre, o la madre, abandonan temporalmente el hogar en busca de lugares o países donde encontrar dinero. A lo largo de los siglos las personas han hecho cosas buenas y malas por culpa del dinero. Karma bueno por proporcionar un sustento y una vida mejor a sus seres queridos; karma negativo por dejar de cuidar a la esposa, al esposo o a los hijos, ya que a veces la gente que se fue nunca regresó, porque se perdió por el mundo o porque perdió la vida por el camino.

Equilibrio entre lo material (madre) y lo espiritual (padre)

Una de las dificultades para disfrutar de la abundancia es encontrar el equilibrio entre lo material y lo espiritual. Hay desequilibrio en la parte material cuando aparece excesivo apego a las cosas: comida, dinero, ropa, casas, autos, etcétera, y el resto de energía —y eso incluye la actitud frente al dinero— se pone al servicio del materialismo, la comodidad y el confort excesivos.

Hay desequilibrio en la parte del padre cuando aparece apego a lo espiritual y uno se olvida o ignora lo material. Eso incluye desprecio o indiferencia a la madre que hay en ti, que puede hacer crecer tu conciencia de abundancia.

El equilibrio se encuentra en emplear el dinero como un recurso para conectar con Dios, para vivir una vida plena, donde las cosas materiales, por un lado, y la espiritualidad y la misión personal, por otro, son igual de importantes. Tiene que haber abundantes recursos para llevar a cabo la misión de cada cual, sin olvidarse de cuidar del cuerpo, la familia, el hogar, el trabajo y, en definitiva, el mundo donde uno vive.

La naturaleza es el mejor ejemplo de abundancia

Para mejorar la conciencia de abundancia, observar la naturaleza es muy útil. Impregnarse de la abundancia y la belleza que hay en ella. Ver cuánto tiempo emplea en hacer crecer las cosas. Fijarse en la abundancia que hay en un simple árbol o un arbusto; la cantidad de hojas, ramas y flores que puede tener, y observar cómo la naturaleza no cesa de hacerla crecer. En pocos días aparecen nuevas hojas, nuevas ramas.

Esa manera de nutrir es lo que uno quiere con su conciencia de abundancia: que broten nuevas ramas y salgan hojas capaces de absorber más la luz cada día. La conciencia de abundancia es como una planta. Hay que ser una buena madre con ella y darle tiempo para que crezca y se multiplique y entretanto irle proporcionando alimento y protección.

Cuidar la casa te ayuda a mejorar

El hogar y el entorno de trabajo son extensiones del alma*. Cuidar y ordenar la casa o el entorno de trabajo anima al alma a mejorar en otros aspectos, como poner en orden nuestras finanzas, o atreverse a enfrentar los miedos y el karma que uno pueda tener con el dinero.

Cuando alguien se atreve a embellecer la casa o el entorno de trabajo, está siendo una buena madre con su alma, y ésta se va a sentir con más fuerzas o más animada a afrontar los retos y a vencer los miedos, sobre todo los relacionados con el dinero.

Una cosa más: para embellecer algo no siempre hace falta mucho dinero; se puede sustituir por creatividad, lo cual reduce mucho el presupuesto o el gasto. El dinero no es lo importante, lo que cuenta es lo que se puede hacer para que el alma se encuentre bien en la casa o en el trabajo, y pueda enfrentar su karma negativo en condiciones óptimas.

---

* Elizabeth Clare Prophet. *Tus siete centros de energía*. Porcia Ediciones, Barcelona, 2012, 3ª edición, pág. 34.

Ver la esencia de las cosas

Fijarse sólo en la parte externa, la parte material, la parte visible, genera desequilibrios y conduce a algo que puede tener repercusiones económicas: la idolatría. El equilibrio está en fijarse en lo externo para que no se escape ningún detalle —como si se mirase con la mente del Buda que todo lo percibe—, y también en fijarse en la esencia de las cosas, lo que hay en el interior. Observar por qué motivo la persona lo está haciendo: ¿lo hace por dinero, por envidia, por orgullo, o lo hace porque realmente le gusta, porque es su misión y quiere aportar algo positivo al mundo?

No ver la esencia interior de las cosas implica no saber distinguir si un producto es bueno o malo. Prestar atención sólo a la marca o al diseñador y no fijarse en la composición, la fabricación, la calidad de los acabados o los ingredientes de un alimento sale caro. Muchas personas se dejan engañar o influenciar fácilmente por lo exterior y acaban pagando un precio mucho más alto.

Si vienen dos invitados a casa, uno de ellos rico y el otro pobre, y uno se deja llevar por la idolatría, es muy probable que le dé al rico lo mejor y al pobre le dé cualquier cosa, cuando quien realmente necesita lo mejor sería el pobre. Por una apariencia externa uno da su luz a quien menos lo necesita.

Un amigo me contó su experiencia que tiene que ver con idolatrar a una persona de cierto rango. Un reverendo de su iglesia le pidió dinero para establecer un negocio, y él, fijándose sólo en las apariencias —en este caso una persona «importante» dentro de su iglesia—, le prestó una cantidad importante que le obligó a hipotecar su casa. Los negocios del reverendo no fueron bien y cuando mi amigo intentó cobrar el dinero no obtuvo ningún resultado. Para acabar de redondear la historia el reverendo falleció poco después, así que mi amigo se quedó sin cobrar la deuda y con una hipoteca en la casa.

Por idolatría te puedes dejar llevar por apariencias externas y, más tarde, también por las apariencias te roban tu luz y te sientes defraudado y engañado, y a veces con el bolsillo vacío.

¿Cuánto dinero necesitas?

Cuando uno está sentando las bases para mejorar la conciencia de abundancia y deja de ser presa de la idolatría, y no es un mal padre ni una mala madre, puede llegar a un punto de equilibrio que consiste en saber cuándo tiene bastante. En ese momento la persona puede considerarse «rica».

Si uno no tiene una buena base para la abundancia, la tendencia negativa puede ser acumular cosas materiales. El dinero es una energía que Dios presta temporalmente a las personas y les deja gestionar para ver lo que hacen y qué efecto produce en los demás eso que uno está gestionando. Incluso el ser humano más rico del planeta va a tener ese dinero durante un período de tiempo de veinticinco, cincuenta o a lo sumo setenta y cinco años.

Todo lo que hagamos con Su dinero o lo que otras personas hagan con el dinero que les demos, tanto lo positivo como lo negativo, nos hace responsables ante Dios y éste nos pondrá una marca o señal, un registro kármico, que nos afectará en la vida actual, en la siguiente o en vidas sucesivas. Si se trata de un registro negativo, lo llevaremos hasta que aprendamos a liberarnos de él y dejemos de cometer una y otra vez el mismo error. La forma en que una persona se mantiene atada a un registro kármico negativo es creándolo de nuevo.

En tu caso, ¿cuánta energía en forma de dinero necesitas para estar contento o satisfecho? ¿Eres un pozo sin fondo en el que Dios tiene que estar depositando dinero constantemente debido a la falta de equilibrio, o vas a dejar de ser un «cliente» que nunca retorna nada bueno a Dios con el dinero que éste le ha dejado en depósito, y en lugar de eso estás decidido a superar tus miedos y tu karma con el dinero, a saber lo que necesitas, y a «asociarte» con Dios como hacen el santo y el alquimista?

Bibliografía

Arango, Ruben C. *La Sacarocracia. Historia de la Aristocracia Azucarera Cubana*. Miami: Ego Group, 2006.

Bair, Deirdre. *Jung: A Biography*. Nueva York: Back Bay Books, 2004.

Bernal, Antonio-Miguel. *España proyecto inacabado. Costes y beneficios del Imperio*. Madrid: Marcial Pons, Ediciones de Historia, S.A., 2007.

Booth, Annice. *Secretos de prosperidad*. Barcelona: Porcia Ediciones, 2007.

Browning, E.S. «Market´s 'Hope Balloon' Loses Air.» *Wall Street Journal*, martes 17 de febrero de 2009, págs. C1 y C4.

Carpentier, Alejo. *El reino de este mundo*. New York: Rayo, 2009.

Cheney, Margaret. *Tesla. Man Out of Time*. Nueva York: Touchstone, 2001.

Colker, David. «Electricity could go wireless.» *Los Angeles Times*, 28 de julio de 2009, pág. B7.

Ferguson, Nial. *The Ascent of Money*. Nueva York: The Penguin Press, 2008.

Galeano, Eduardo. *Las venas abiertas de América*. Madrid: Siglo XXI, 2009.

Gleeson, Janet. *The Moneymaker*. Londres: Bantam Books, 2000.

Gold, Russell y Campoy, Ana. "Oil Industry Braces for Drop in U.S. Thirst for Gasoline." *Wall Street Journal*, lunes 13 de abril de 2009.

Goodstein, David. *Out of Gas*. Nueva York: W. W. Norton & Company, 2005.

Green, Timothy. *The New World of Gold*. Nueva York: Walkerand Company, 1981.

Hayman, Ronald. *A Life of Jung*. Nueva York: W.W. Norton & Co., 2002.

Junqueras, Oriol. *Els Catalans i Cuba*. Barcelona: Editorial Proa S.A., 1998.

Kirkpatrick, Sidney D. *Edgar Cayce. An American Prophet*. Nueva York: Riverhead Books, 2000.

Lele, Milind M. *Monopoly Rules*. Nueva York: Crown Business, 2005.

Prophet, Elizabeth Clare. *Ángeles Caídos y los orígenes del mal*, Barcelona: Porcia Ediciones, 2008.

Prophet, Elizabeth Clare; y Prophet, Mark L. *Atrae Abundancia*. Barcelona: Porcia Ediciones, 2007.

Prophet, Elizabeth Clare; y Spadaro, Patricia R. *Conexiones con otras vidas*. Barcelona: Porcia Ediciones, 2007.

Rothkopf, David. *Superclass. The Global Power Elite and the World They Are Making*. Nueva York: Farrar, Strauss and Giroux, 2008.

Saint Germain, *Estudios sobre alquimia*. Barcelona: Porcia Ediciones, 2008.

Sparks, Nicholas. *El cuaderno de Noah*. Barcelona: Salamandra, 2002.

Saviano Roberto, *Gomorra*. Barcelona: Debate, 2007.

Stern, Andy. *Oil. From Rockefeller to Iraq and Beyond*. Nueva York: MJF Books, 2005.

Talbot, Michael. *The Holographic Universe*. Nueva York: Harper Perennial, 1992.

Twist, Lynne. *The Soul of Money*. W.W. Nueva York: Norton & Company, 2003.

Weatherford, Jack. *The History of Money*. Nueva York: Three Rivers Press, 1997.

Para pedidos y envíos de libros a domicilio

Porcia Ediciones, S.L.
C/ Aragón, 621 4º 1ª
08026 Barcelona (España)
Tel./ Fax (34) 93 245 54 76

o bien a:

Porcia Publishing Corp.
P. O. Box 831345
Miami, FL 33283 (USA)
Pedidos *Toll-Free*: 1 (866) 828-8972
Tel. (1) 305 364-0035
Fax (1) 786 573-0000

E-mail: porciaediciones@yahoo.com
www.porciaediciones.com

¿Desea enviarnos algún comentario sobre Karma con el dinero?

Esperamos que haya disfrutado al leerlo y que este libro ocupe un lugar especial en su biblioteca. Es nuestro mayor deseo complacer a nuestros lectores, y, por ello, nos sería de gran ayuda si rellenara y enviara esta hoja a:

Porcia Publishing Corp.
P. O. Box 831345
Miami, FL 33283 (USA)
Pedidos *Toll-Free*: 1 (866) 828-8972
Tel. (1) 305 364-0035
Fax (1) 786 573-0000

E-mail: **porciaediciones@yahoo.com**
www.porciaediciones.com

Comentarios: _____

_____

_____

¿Qué le llamó más la atención de este libro? _____

_____

_____

¿Autoriza a que publiquemos su comentario en la página web?

　　　　　　　　SÍ　　NO

¿Quiere recibir un catálogo de libros?　　　　SÍ　　NO

Nombre: _____

Dirección: _____

Ciudad: _____ CP:_____

Provincia/Estado: _____ País: _____

Teléfono: _____ E-mail: _____

Línea de recorte

Autor de los libros *Karma con el dinero* (2009), *Afirmaciones liberadoras a la Llama Violeta* (2011), *Libre de ansiedad* (2012) y *El poder del inconsciente* (2014), José Luis Belmonte (Barcelona, España, 1966) se graduó como ingeniero de telecomunicaciones y ha ejercido como analista-programador de software durante catorce años. Desde 1999 es editor de libros de metafísica y nueva era, y ha pronunciado conferencias y seminarios durante más de veinte años en varios países de América y Europa sobre esta temática.

Astrólogo profesional (cursó estudios de máster en Kepler College, Washington, EE.UU.), imparte clases y tiene una consulta astrológica privada.

Actualmente reside en Miami (Estados Unidos) con su esposa y su hija.

Made in the USA
Columbia, SC
14 June 2020

11058526R00090